TEOLOGIA DO PAPA FRANCISCO

IGREJA EM DIÁLOGO

ELIAS WOLFF

Paulinas

Dados Internacionais de Catalogação na Publicação (CIP)
(Câmara Brasileira do Livro, SP, Brasil)

Wolff, Elias
Igreja em diálogo / Elias Wolff. -- São Paulo : Paulinas, 2018. --
(Coleção teologia do Papa Francisco)

ISBN 978-85-356-4461-6

1. Diálogo - Aspectos religiosos - Cristianismo 2. Francisco, Papa,
1936- 3. Igreja - Cristianismo 4. Igreja Católica - Aspectos sociais
5. Religião e sociedade 6. Teologia - Aspectos sociais I. Título. II. Série.

18-19748   CDD-262.13

Índice para catálogo sistemático:
1. Igreja Católica : Papas : Magistério pastoral 262.13

Iolanda Rodrigues Biode - Bibliotecária - CRB-8/10014

1ª edição – 2018

Direção-geral:	Flávia Reginatto
Conselho editorial:	Dr. Antonio Francisco Lelo
	Dr. João Décio Passos
	Maria Goretti de Oliveira
	Dr. Matthias Grenzer
	Dra. Vera Ivanise Bombonatto
Editores responsáveis:	Vera Ivanise Bombonatto
	João Décio Passos
Copidesque:	Ana Cecilia Mari
Coordenação de revisão:	Marina Mendonça
Revisão:	Equipe Paulinas
Gerente de produção:	Felício Calegaro Neto
Produção de arte:	Tiago Filu

Nenhuma parte desta obra poderá ser reproduzida ou transmitida
por qualquer forma e/ou quaisquer meios (eletrônico ou mecânico,
incluindo fotocópia e gravação) ou arquivada em qualquer sistema ou
banco de dados sem permissão escrita da Editora. Direitos reservados.

Paulinas

Rua Dona Inácia Uchoa, 62
04110-020 – São Paulo – SP (Brasil)
Tel.: (11) 2125-3500
http://www.paulinas.com.br – editora@paulinas.com.br
Telemarketing e SAC: 0800-7010081
© Pia Sociedade Filhas de São Paulo – São Paulo, 2018

Impresso na gráfica da
Pia Sociedade Filhas de São Paulo
Via Raposo Tavares, km 19,145
05577-300 - São Paulo, SP - Brasil - 2018

SUMÁRIO

Siglas 5
Introdução 7
1. A dialogicidade como *modus essendi* e
   modus operandi 11
2. Instâncias do diálogo *ad intra ecclesia* 29
3. O diálogo sociocultural 41
4. O diálogo ecumênico 51
5. O diálogo inter-religioso 73
6. Por uma eclesiologia do diálogo 97
Concluindo 125

TEOLOGIA DO PAPA FRANCISCO

A presente coleção Teologia do Papa Francisco resgata e sistematiza os grandes temas teológicos dos ensinamentos do papa reformador. Os pequenos volumes que compõem mais um conjunto da Biblioteca Francisco retomam os grandes temas da tradição teológica presentes no fundo e na superfície desses ensinamentos tão antigos quanto novos, oferecidos pelo Bispo de Roma. São sistematizações sucintas e didáticas; gotas recolhidas do manancial franciscano que revitalizam a Igreja e a sociedade por brotarem do coração do Evangelho.

CONHEÇA OS TÍTULOS DA COLEÇÃO:

ESPÍRITO SANTO
Victor Codina

IGREJA DOS POBRES
Francisco de Aquino Júnior

IGREJA SINODAL
Mario de França Miranda

ORGANIZAÇÕES POPULARES
Francisco de Aquino Júnior

IGREJA EM DIÁLOGO
Elias Wolff

SIGLAS

AA – *Apostolicam actuositatem*

AG – *Ad gentes*

AL – *Amoris laetitia*

CD – *Christus dominus*

CDC – *Código de Direito Canônico*

DA – *Diálogo e anúncio*

DAp – *Documento de Aparecida*

DH – *Dignitatis humanae*

DV – *Dei Verbum*

EG – *Evangelii gaudium*

GE – *Gravissimus educationis*

GS – *Gaudium et spes*

LG – *Lumen gentium*

LS – *Laudato Si'*

NA – *Nostra aetate*

PC – *Perfectae caritatis*

PO – *Presbiterorum ordinis*

UR – *Unitatis redintegratio*

UUS – *Ut unum sint*

INTRODUÇÃO

Uma das fortes características do pontificado do Papa Francisco é o exercício do diálogo no modo mais amplo e profundo possível, estabelecendo relações com as pessoas, a sociedade, as diferentes Igrejas, as religiões e as culturas dos povos. O Papa entende que dialogar é um modo de ser cristão e ser Igreja, configura a própria identidade humana e religiosa. Mais, diálogo é conteúdo da própria fé no Deus Trindade que tem natureza relacional na comunhão das pessoas divinas e que se relaciona com o mundo e com a história humana, tendo seu ápice na encarnação do Filho. Como consequência, o diálogo deve constituir a Igreja que expressa a fé no Deus comunidade e se configura como uma comunidade de diferentes. Dialogar é uma exigência *ad intra* na Igreja pela sua natureza de comunhão e participação. E é também uma exigência *ad extra* para o bom desenvolvimento da sua missão. Não dialogar é colocar em risco o ser da Igreja e a sua missão. O diálogo é mais que método da missão. Ele é, sobretudo, conteúdo do Evangelho pregado. Como diz João Paulo II, "diálogo é salvação" (UUS 35).

Assim, diálogo não é uma estratégia ou um "jeitinho" para arrumar as coisas que não estão bem. É um elemento performativo do ser cristão, do ser Igreja e da missão. Há uma base antropológica nisso. Como seres humanos, somos seres de relação, de intercâmbio e de enriquecimento mútuo. E o desenvolvimento do ser pessoa relacional incide na compreensão que temos da fé, da Igreja e da missão.

O Papa Francisco tem isso bem presente no exercício do governo da Igreja, estabelecendo pontes para a aproximação das diferentes instâncias de decisões na cúria romana, alargando os canais de comunicação da cúria com as conferências episcopais, orientando para que, nas Igrejas locais, sejam organizados os conselhos que valorizam a participação de todos numa corresponsabilidade na missão. A colegialidade e a sinodalidade são opções claras na Igreja do nosso tempo. A tônica é saber caminhar juntos, participar, conviver. E isso também com as realidades *ad extra*.

Na linha conciliar, o Papa Francisco fortalece a relação da Igreja com o mundo, colhendo os "sinais dos tempos", as solicitudes para a missão, exercendo a solidariedade e o companheirismo. Ele vai ao encontro das diferenças, acolhendo as riquezas que nelas se apresentam. Promove o diálogo ecumênico, inter-religioso e intercultural, buscando a unidade da família humana.

O Papa vê as resistências com relação a isso como tendências de segmentos da Igreja à "autorreferencialidade", à concentração das decisões que dificultam observar o princípio conciliar da subsidiariedade, ao enclausuramento identitário que obstaculiza a interação com o mundo. Em muitos ambientes eclesiásticos, acentuam-se o clericalismo e os modelos eclesiológicos pré-conciliares, supervalorizando movimentos eclesiais e espiritualizando as pastorais.

O magistério de Francisco é questionado por posturas tradicionalistas que se entendem acima de qualquer suspeita na ortodoxia da fé, mas confundem Tradição com tradicionalismo, ortodoxia com literalismo e as posturas de julgamento desconsideram o primado da caridade na vida cristã e eclesial.

O Papa Francisco tem ciência dessas tendências e está sempre aberto ao diálogo. Mas sem abandonar o Vaticano II como a principal orientação para a caminhada da Igreja e o cumprimento da missão de pregar o Evangelho ao mundo de hoje. E é retomando o concílio que ele propõe uma "Igreja em saída" (EG 20-23), capaz de "primeirear" nas iniciativas de relação com o mundo, favorecendo novas realidades do Reino (EG 24). Propõe uma "cultura que privilegie o diálogo como forma de encontro, a busca de consenso e de acordos" (EG 239) na solução dos problemas. A Igreja não apresenta soluções, pois "nem o Papa nem a Igreja possuem o monopólio da interpretação da realidade social ou da apresentação de soluções para os problemas contemporâneos" (EG 184). Mas é parceira, e "juntamente com as várias forças sociais, acompanha as propostas que melhor correspondam à dignidade da pessoa humana e ao bem comum" (EG 241). Afinal, "Para libertar os oprimidos, os descartados e os escravos de hoje, é essencial promover um diálogo aberto e sincero ... um diálogo que valorize a experiência vivida, dos sofrimentos e das aspirações do povo, para chamar cada um às próprias responsabilidades".[1]

É nessa direção que segue a "Igreja do diálogo" com o Papa Francisco, assumindo concretude através de um processo de "conversão pastoral" que revigora a sua missionariedade nas relações *ad intra* e *ad extra*. O diálogo é, assim, a condição privilegiada para a Igreja ampliar e aprofundar sempre mais tanto a sua autoconsciência quanto o conhecimento das realidades que a interpelam na missão.

---

[1] Discurso aos membros da Comissão Internacional Católica para as Migrações (08/03/2018). Disponível em: <http://w2.vatican.va/content/francesco/pt/speeches/2018/march/documents/papa-francesco_20180308_icmc.html>. Acesso em: 15/05/2018.

1

A DIALOGICIDADE COMO
MODUS ESSENDI E *MODUS OPERANDI*

1. Raízes da postura dialógica no pontificado de Francisco

As raízes da convicção dialógica do Papa Francisco se encontram em sua fé cristã, sua postura de cidadão do mundo, sua consciência eclesial e na compreensão da missão. O diálogo é constitutivo e performativo de sua identidade. É, primeiramente, uma questão de fé, que expressa o modo de crer no Deus Trindade que se configura como relação das três pessoas igualmente divinas. Deus relaciona-se também com o mundo, pela criação e manutenção de tudo o que existe. O seu Espírito conduz a história e nela o Deus relação revela-se de um modo peculiar na encarnação de Cristo, que, por sua vez, com todos dialogou, indistintamente de credo, gênero, cultura.

> As pessoas divinas são relações subsistentes; e o mundo, criado segundo o modelo divino, é uma trama de relações. As criaturas tendem para Deus; e é próprio de cada ser vivo tender, por sua vez, para outra realidade, de modo que, no seio do universo, podemos encontrar uma série inumerável de relações constantes que secretamente se entrelaçam (LS 240).

Tudo o que existe o é pela relação e está em relação. E é na coerência com a fé no Deus relação e no seguimento e discipulado de Jesus que o Papa Francisco entende e promove novas e positivas relações no interior da Igreja e também entre povos, culturas, Igrejas, religiões. O diálogo que busca a comunhão se enraíza no testemunho da própria fé: "é necessário que o nosso testemunho se concentre no âmago da nossa fé, no anúncio do amor de Deus que se manifestou em Cristo, seu Filho. Aqui encontramos espaço para crescer na comunhão e na unidade entre nós".[1] Francisco ajuda a "reconhecer como a fé traz novas motivações e exigências em face do mundo de que fazemos parte" (LS 17). E exorta a todos para "que se abram novamente à graça de Deus e se nutram profundamente das próprias convicções sobre o amor, a justiça e a paz" (LS 200).

Em segundo lugar, a concepção que o Papa Francisco tem do valor do diálogo decorre da forma como compreende o universo e o mundo em que vivemos. "Neste universo, composto por sistemas abertos que entram em comunicação uns com os outros, podemos descobrir inumeráveis formas de relação e participação" (LS 79). E contemplando a história, o Papa conclui que vivemos hoje "um tempo de

---

[1] PAPA FRANCISCO. Discurso a uma delegação ecumênica da Finlândia por ocasião da Festa de Santo Henrique (17/01/2014). Disponível em: <http://w2.vatican.va/content/francesco/pt/speeches/2014/january/documents/papa-francesco_20140117_delegazione-ecumenica-finlandia.html>. Acesso em: 03/06/2018.

mudanças deveras epocais, que exigem sabedoria e discernimento da parte de todos os que se preocupam pelo futuro pacífico e próspero das gerações futuras".[2] No universo e na história humana, o Papa Francisco entende que "tudo está estreitamente interligado" (LS 16), tudo está em relação. E é preciso valorizar a diversidade que se manifesta em todos os horizontes e dimensões da vida pessoal, comunitária e cósmica em nosso tempo. As diferenças não se opõem necessariamente, e, para o bem da humanidade, é preciso viver a unidade na diversidade. Daí a postura dialógica do Papa ganha impulso pela atenção aos "sinais dos tempos", pela forma de concebê-los e de neles situar-se. Francisco é sensível às realidades culturais, políticas, econômicas e religiosas da humanidade, e ele interage com elas valorizando-as como expressão do dinamismo e enriquecimento da história dos povos e, também, detectando os elementos desafiadores para uma verdadeira humanização. Reconhecendo os notáveis progressos das ciências, o Papa identifica igualmente os desafios que apresentam para a fé. Não os entende como ameaças, mas como possibilidades de diálogo, interação e enriquecimento. Orienta que "O progresso humano autêntico possui um caráter moral e pressupõe o

---

[2] Id. Discurso por ocasião da apresentação das cartas credenciais dos novos embaixadores da Tanzânia, Lesoto, Paquistão e Finlândia junto à Santa Sé. Disponível em: <http://w2.vatican.va/content/francesco/pt/speeches/2018/may/documents/papa-francesco_20180517_lettere-credenziali-ambasciatori.html>. Acesso em: 03/05/2018.

pleno respeito pela pessoa humana, mas deve prestar atenção também ao mundo natural e 'ter em conta a natureza de cada ser e as ligações mútuas entre todos, num sistema ordenado'" (LS 5).

Francisco verifica que nem tudo no mundo atual condiz com a necessidade de promover a dignidade das pessoas, o bem comum, a defesa da criação e a paz social. E apura sua sensibilidade às necessidades das pessoas, solidarizando-se com as dores, tristezas e angústias da humanidade atual. Problemas como a mobilidade humana, os campos de refugiados, as guerras e as revoluções civis, a fome, o desemprego e a carência de moradias, entre outros, lhe são muito caros. Entende que "Ninguém pode ignorar a nossa responsabilidade moral no desafio à globalização da indiferença, fazer de conta que nada acontece em face das trágicas situações de injustiça que requerem uma resposta humanitária imediata".[3] Essa forma de compreender o mundo e de nele situar-se é condição básica para a postura de diálogo. Assumindo a perspectiva conciliar, o Papa Francisco apresenta ao mundo uma Igreja companheira, que mesmo se dele faz críticas, não se entende julgadora do mundo, mas humilde servidora na busca da verdade, recorrendo ao "remédio da misericórdia" no lugar da condenação. Entende que a "Misericórdia do Senhor, sempre presente no meio

---

[3] Ibid.

do seu povo, pede para ser proposta com novo entusiasmo, através de uma renovada pastoral, para poder sensibilizar o coração das pessoas e para as animar a reencontrar o caminho do regresso ao Pai".[4]

O terceiro impulso para a postura de diálogo no pontificado de Francisco vem da retomada do Vaticano II. Esse concílio foi para a Igreja um grande exercício de diálogo, tanto *ad intra* quanto *ad extra*, propondo uma conversa ampla e profunda sobre a identidade e missão da Igreja, e abrindo-a à relação com o mundo, os povos, as culturas, as ciências (*Gaudium et spes*), as diferentes Igrejas (UR) e religiões (*Nostra aetate; Dignitatis humanae;* LG 16). Ao retomar o concílio, o Papa Francisco continua o esforço do diálogo na Igreja do nosso tempo. E o revigora propondo uma reconfiguração da Igreja através de uma "conversão pastoral", o que exige um redimensionamento teológico e estrutural como condição para o efetivo exercício de relações profundas *ad intra* e *ad extra*. Tal reconfiguração eclesial quer superar de vez eclesiologias triunfalistas e exclusivistas sustentadas na *plenitudo potestatis,* mais *magistra* do que *mater*, mais *caput* do que *communio*. Francisco não propõe uma Igreja da supercomplexidade dogmática, do casuísmo moralista, do legalismo disciplinar. Pois essa Igreja "De 'servidora' se

---

[4] Id. *Misericordiae vultus*, 15. Disponível em: <http://w2.vatican.va/content/francesco/pt/apost_letters/documents/papa-francesco_bolla_20150411_misericordiae-vultus.html>. Acesso em: 30/04/2018.

transforma em 'controladora'",[5] mais ensina do que aprende, mais fala do que ouve, não dialoga e não convive com as diferenças. A Igreja do diálogo não é autorreferenciada, burocrática, vendo-se "mais como organização" do que como povo de Deus na sua totalidade. Essa Igreja transforma-se em uma ONG.[6] Ela busca superar o imobilismo dogmático e a rigidez linguística de outrora. O redimensionamento do ser e agir eclesial expressa a consciência de que a fé tem uma história processual e, assim como ela se desenvolve no tempo, também a sua recepção é dinâmica em cada etapa da história. Isso tira da Igreja Católica a imagem de estaticidade, rigidez, imutabilidade. Explicita a sua condição de peregrina na verdade e a consequente relatividade, limitação e precariedade inerente à essa condição. O mistério da fé, que não se exaure na visibilidade institucional, evolui em sua compreensão exigindo mudanças para tal. Concretamente, que marcas possuem essa Igreja? Trata-se de uma Igreja excêntrica, descentralizada, sinodal e profeticamente aberta para relações maduras e evangelicamente comprometedoras, no seu interior e fora dela. A Igreja que não é autorreferenciada tem referências claras: *primeiro*, Cristo

---

[5] Id. Textos e homilias da sua viagem apostólica ao Brasil, por ocasião da XXVII Jornada Mundial da Juventude (22 a 28 de julho de 2013): <www.diocesedejales.org.br/home/discursos-e-homilias-do-papa-francisco-na-jmj-rio-2013/>, p. 79. Acesso em: 04/07/2018.

[6] Cf. id. Discurso aos bispos responsáveis do Conselho Episcopal Latino-Americano. *SEDOC*, v. 46, n. 359 (2013), p. 73-80.

e seu Evangelho, a razão e o caminho da Igreja; *segundo*, o contexto sociocultural em que vivem os fiéis, o chão da Igreja; *terceiro*, o Vaticano II, que ainda precisa ser recebido. Essas referências se sustentam nos Evangelhos, no ensino dos padres, na verdade de sempre. E exigem opções concretas para construir um modelo de Igreja para os dias de hoje, em perspectiva relacional.

Finalmente, a quarta raiz da proposta dialógica do Papa Francisco está na sua concepção de missão. A missão da Igreja acontece na relação entre diferentes sujeitos, pessoas, comunidades, povos, culturas, Igrejas e religiões. Essa missão se realiza num mundo plural que exige uma Igreja concebida também ela numa sadia pluralidade tanto em sua organização interna como na efetiva participação de todos. Na missão em um mundo plural, a Igreja "propõe" o Evangelho, não o "impõe", o que exige diálogo com outras ofertas de sentido para a vida das pessoas e dos povos do nosso tempo. Missão é uma oferta e também uma acolhida, um dar e receber. O vínculo entre diálogo e missão é inerente aos esforços por reforma eclesial em perspectiva missionária. A comunidade toda é missionária: a comunidade eclesial se caracteriza pela relação, participação, comunhão na fé. Isso torna todos corresponsáveis na missão, de modo que a *martyria*, a *leitourgia* e a *diakonia* é de todo batizado. Todo o povo de Deus tem como missão no mundo formar "um sacerdócio santo, que oferece sacrifícios espirituais" e "proclama as grandes ações de Deus" (1Pd 2,5-9). Rejeita-se, assim, o centralismo clerical e o uniformismo na evangelização. E a missão precisa ser corajosa, profética, ousada na proposta de uma Igreja "em saída". A convicção missionária do Papa o faz afirmar que é preferível uma Igreja que vive nas ruas, mesmo com o risco de sofrer algum acidente, do que uma Igreja adoentada por estar fechada em casa, recolhida no templo. Francisco não admite agentes de pastoral encerrados na paróquia, sem inserção efetiva no contexto vital da comunidade. Aos jovens na praia de Copacabana, para a vigília de oração durante a XXVIII Jornada Mundial da Juventude (23-28/07/2013), o apelo é direto:

> Eu peço para serem protagonistas dessa mudança. Continuem a vencer a apatia, dando uma resposta cristã às inquietações sociais e políticas que estão surgindo em várias partes do mundo. Peço-lhes para serem construtores do mundo, trabalharem por um mundo melhor... não "olhem da sacada a vida", mergulhem nela como fez Jesus.[7]

2. A concepção de diálogo

O tema do diálogo é uma constante nos documentos e nos discursos do Papa Francisco, bem como em sua pos-

---

[7] Id. Textos e homilias da sua viagem apostólica ao Brasil, por ocasião da XXVII Jornada Mundial da Juventude (22 a 28 de julho de 2013): <www.diocesedejales.org.br/home/discursos-e-homilias-do-papa-francisco-na-jmj-rio-2013/>, p. 79. Acesso em: 04/07/2018.

tura cotidiana. Tomando apenas as duas encíclicas desse pontificado, vemos que a palavra "diálogo" aparece 56 vezes na *Evangelii gaudium* e 23 vezes na encíclica *Laudato si'*. Como termos correlatos, encontramos "colóquio", 3 vezes na *Laudato si'* e nenhuma na *Evangelii gaudium*; "relação", 34 vezes na *Laudato si'* e 10 vezes na *Evangelii gaudium*; e "comunicação", 7 vezes na *Laudato si'* e 9 vezes na *Evangelii gaudium*. Enquanto o vocábulo "colóquio" pode ser entendido como sinônimo de "diálogo" nas 3 vezes que aparece, os conceitos "comunicação" e "relação" não são sinônimos e o significado de cada um precisa ser compreendido no contexto em que se situa em cada número das encíclicas. Mas eles estão apontando para realidades que supõem o diálogo ou que conduzem ao diálogo, como o intercâmbio, a cooperação e a comunhão.

É importante observar que a compreensão do diálogo está intimamente conectada à compreensão do ser humano "como pessoa, ou seja, como sujeito essencialmente relacional e conotado por uma racionalidade peculiar e ampla, capaz de agir em conformidade com a ordem objetiva da moral".[8] O diálogo é uma realidade antropológica. Cada

---

[8] Id. Discurso aos participantes da Assembleia Plenária da Congregação para a Doutrina da Fé (26/01/2018). Disponível em: <http://w2.vatican.va/content/francesco/pt/speeches/2018/january/documents/papa-francesco_20180126_plenaria-cfaith.html>. Acesso em: 25/06/2018.

pessoa tem um modo próprio de se comunicar, com linguagens e códigos distintos, e considerar isso é condição para diálogos positivos: "a pessoa humana cresce, amadurece e santifica-se tanto mais, quanto mais se relaciona" (LS 240). Assim, o diálogo acontece primeiramente entre pessoas, e o Papa oferece alguns elementos práticos: reservar um "tempo de qualidade" para ouvir e assegurar-se de que ouviu corretamente o outro, dando importância e valor à sua pessoa, à sua verdade e as suas motivações (AL, 138); uma "amplitude mental" para não se fechar em ideias limitadas, e "flexibilidade" para mudanças necessárias (AL 139); "gestos de solicitude pelo outro", não vê-lo como "concorrente", quando é diferente (AL 140); saber o que dizer e encontrar a forma adequada de se expressar (AL 141). Importante é compreender que

> A unidade, a que temos de aspirar, não é uniformidade, mas uma "unidade na diversidade" ou uma "diversidade reconciliada". Neste estilo enriquecedor de comunhão fraterna, seres diferentes encontram-se, respeitam-se e apreciam-se, mas mantêm distintos matizes e acentos que enriquecem o bem comum. Temos de nos libertar da obrigação de sermos iguais. Também é necessária a sagacidade para advertir eventuais "interferências" a tempo, a fim de que não destruam um processo de diálogo (AL 139).

O diálogo maduro entre as pessoas tem uma dimensão de transcendência que as levam relacionar-se com Deus e também a expressar o próprio ser de Deus: "toda criatura traz em si uma estrutura propriamente trinitária" (LS 239); pela relação cada criatura "assume na própria existência aquele dinamismo trinitário que Deus imprimiu nela desde a criação" (LS 240). Por isso "as criaturas tendem para Deus... saem de si mesmas para viver em comunhão com Deus" (LS 240). Tal é o fim último da relação.

No capítulo IV da *Evangelii gaudium*, o Papa apresenta os principais horizontes do diálogo e suas finalidades. Propõe o diálogo social como contribuição para a paz (238-241), o diálogo entre a fé, a razão e as ciências (242-243), o diálogo ecumênico (244-246), o diálogo com os judeus (247-249), o diálogo inter-religioso (250-254) e o diálogo social num contexto de liberdade religiosa (255-258). Na encíclica *Laudato si'* convoca a todos para um diálogo que tenha como finalidade promover o cuidado da criação, como a casa comum. Em outros documentos, ele trata do diálogo em questões específicas no interior da Igreja, como a busca de soluções para problemas do Matrimônio (*Amoris laetitia*) e de autoridade para os párocos concederem o sacramento da Penitência a quem realizou a prática do aborto (*Misericordia et misera; Misericordiae vultus*). O Papa não faz um tratado sobre o diálogo, mas o mostra como um elemento vital no cotidiano da existência:

> O diálogo estabelece-se em todos os níveis: consigo mesmos, através da reflexão e da oração, em família, no seio da comunidade religiosa, entre as diversas comunidades religiosas, e

também com a sociedade civil. A sua condição primária é o respeito recíproco e, ao mesmo tempo, a consolidação desse respeito, a fim de reconhecer os direitos a todas as pessoas, onde quer que se encontrem. Do diálogo brota maior conhecimento recíproco, maior estima recíproca e colaboração para a consecução do bem comum e para a ação sinérgica em relação às pessoas carenciadas, garantindo-lhes toda a assistência necessária.[9]

Como dito, observa-se que o diálogo não é um princípio teórico, mas algo eminentemente prático na vida da pessoa, da Igreja e da sociedade. E está em sintonia com o Vaticano II, ao mostrar que o diálogo é expressão da relação de Deus com a humanidade no ato revelador (DV 2-5) e, por isso mesmo, elemento constitutivo da Igreja. É o que fundamenta a relação da Igreja com o mundo (GS 3, 40; PO 12; CD 13), com os cristãos (UR), os não cristãos (NA, DH; GS 92; AG 16, 34, 41; GE 11) e as pessoas de boa vontade (AA 14). A finalidade do diálogo é a busca da verdade (DH 3; EG 250), que tem como resultado a construção de "uma comunidade de pessoas" (GS 23), o "amor civil e político" (LS 222-227) e a edificação da Igreja (EG 20-24). Isso exige, em primeiro lugar, que no seio da Igreja aconteçam progressos na estima, no respeito e na mútua

---

[9] Id. Saudação aos participantes da reunião entre o Pontifício Conselho para o Diálogo Inter-religioso e a Comissão Palestina para o Diálogo Inter-religioso (06/12/2017). Disponível em: <http://w2.vatican.va/content/francesco/pt/speeches/2017/december/documents/papa-francesco_20171206_dialogo-interreligioso.html>. Acesso em: 05/06/2018.

concórdia, no reconhecimento de todas as diversidades legítimas, com a finalidade de estabelecer um diálogo incessante e mais fecundo entre todos os que formam o único povo de Deus (GS 92). Assim, a Igreja torna-se promotora dessa realidade no mundo: "para a Igreja Católica é sempre uma alegria construir pontes de diálogo com comunidades, pessoas e organizações".[10] Trata-se de uma Igreja que cultiva a "cultura do encontro" e a "cultura do diálogo", que sabe ser companheira no caminho. Três características merecem destaque na "Igreja do diálogo".

2.1 Proximidade

O cristão não pode "fechar-se em uma caixa de vidro", impedindo a relação física, condição para uma verdadeira relação humana, afetiva e espiritual. Estar com o outro, na proximidade existencial, caminhar com ele, no seu próprio ritmo, é o jeito de ser Igreja. A proximidade é solidária, estar próximo é ajudar a carregar a cruz, tocando a cruz de Cristo. Isso significa que a Igreja se faz próxima para "ser-com", numa posição de solidariedade samaritana com todos os peregrinos. O Papa Francisco acusa: "existem pastorais 'distantes', pastorais disciplinares que privilegiam os princípios, as condutas, os procedimentos organizacionais... obviamente sem proximidade, sem ternura, nem ca-

---

[10] Ibid. (06/12/2017). Disponível em: <http://w2.vatican.va/content/francesco/pt/speeches/2017/december/documents/papa-francesco_20171206_dialogo--interreligioso.html>. Acesso em: 30/05/2018.

rinho. Ignora-se a 'revolução da ternura', que provocou a encarnação do Verbo".[11]

A proximidade conduz a Igreja às periferias geográficas e existenciais. Aqui, uma atenção especial é dada aos pobres. Na ação da Igreja tem preferência o pobre, injustiçado e descartado. Por isso, a missão contribui para a transformação do mundo. A Igreja não se cansa de trabalhar por um mundo mais justo e mais solidário, e nenhum de seus membros pode permanecer insensível às desigualdades sociais. E, para aproximar-se numa relação de justiça, de paz, de solidariedade e caridade, é preciso "primeirear", não esperar pelo outro, mas tomar a iniciativa de sair de si para ir ao encontro do outro e com ele caminhar. Nessa caminhada a Igreja não dita as regras do caminho, mas dialoga com os peregrinos e com eles elabora o discernimento da direção a seguir.

2.2. O encontro e o diálogo como "cultura"

O diálogo promove a "cultura do encontro" com a sociedade, com as outras Igrejas, as culturas e as religiões, a fim de, a partir da própria fé, encontrar-se num projeto comum de cooperação para o bem de toda a humanidade. Para tanto, os ministros da Igreja devem ser servidores da

---

[11] Id. Textos e homilias da sua viagem apostólica ao Brasil, por ocasião da XXVII Jornada Mundial da Juventude (22 a 28 de julho de 2013): <www.diocesedejales.org.br/home/discursos-e-homilias-do-papa-francisco-na-jmj-rio-2013/>, p. 79. Acesso em: 04/07/2018.

comunhão e da cultura do encontro. Francisco entende que urge aprender a "arte de viver juntos com simplicidade, benevolência e fraternidade, assim como educar para a cultura do respeito e do encontro, a única capaz de construir um futuro à altura do ideal do homem".[12] Entre a indiferença egoísta e o protesto violento, há uma opção sempre possível: o diálogo. Para a formação dessa cultura, é fundamental uma conversão do olhar, do falar e do pensar sobre o outro, revendo estruturas mentais (teológicas, espirituais e éticas), para que sejam de fato favoráveis ao encontro e ao diálogo. Persiste uma permanente diversidade, muitas vezes em tensão, mas não em conflito, pois o diálogo deve manter a integridade das distintas identidades que se encontram.

O diálogo e o encontro como cultura são uma espécie de "código de conduta" para a Igreja e a sociedade, garantindo relações respeitosas, não agressivas e não proselitistas e acreditando que, à medida que se supera o espírito de competição entre as diferenças, se está superando a "cultura do conflito" entre pessoas, povos, culturas e tradições de fé. O diálogo é fruto do encontro, que conduz ao intercâmbio de dons, à cooperação e à comunhão. Isso tem implicações para a Igreja que vai ao encontro de todos e a todos valoriza

---

[12] Id. Saudação à fundadora do Centre D'Etude du Développement em Amérrique Latine, senhora Henryane de Chaponay (06/04/2018). Disponível em: <http://w2.vatican.va/content/francesco/pt/speeches/2018/april/documents/papa-francesco_20180406_signora-de-chaponay.html>. Acesso em: 25/05/2018.

em suas riquezas sociais, culturais e religiosas. Em todos vê uma expressão do Evangelho.

2.3 Diálogo no cotidiano

Por fim, é importante observar que o Papa Francisco não entende o diálogo como um princípio teórico. É algo prático, existencial, cotidiano. Ele se sustenta e se expressa na espiritualidade cultivada de forma atenta ao que o Espírito suscita na vida cristã e eclesial atual. A mística inaciana contribui para isso com seus exercícios espirituais. Concretamente, a postura dialógica do Papa Francisco se realiza no cotidiano da vida na Casa Santa Marta, no modo como se relaciona com os que lhe são mais próximos, seja para tratar de questões corriqueiras, seja no exercício do governo da Igreja. É permanente o esforço desse pontificado por criar na Igreja um clima de serenidade e confiança na relação entre as diferentes instâncias. Sabe-se que em todo tempo e lugar "É bom suscitar uma arte de viver juntos com simplicidade, benevolência e fraternidade, assim como educar para a cultura do respeito e do encontro, a única capaz de construir um futuro à altura do ideal do homem".[13] O senso de liberdade impulsiona a abandonar os rígidos e institucionalizados esquemas na compreensão e vivência do mistério. E propõe mudanças na Igreja a partir das exigências

---

[13] Ibid. Disponível em: <http://w2.vatican.va/content/francesco/pt/speeches/2018/april/documents/papa-francesco_20180406_signora-de-chaponay.html>. Acesso em: 25/05/2018.

que o mundo apresenta para uma missão contextualizada e, ao mesmo tempo, dentro dos critérios que o próprio Evangelho apresenta. A Igreja reorganiza-se constantemente na complexidade das relações humanas, com opções teológicas e institucionais situadas nos contextos político, econômico, cultural e religioso de nossa época em constante mudança. Nesse contexto, "Diálogo e colaboração são palavras-chave num tempo como o nosso, no qual, devido a uma inédita complexidade de fatores, viu crescer tensões e conflitos, com uma violência difundida quer em pequena, quer em grande escala".[14]

---

[14] Id. Saudação à uma delegação das religiões dármicas (16/05/2018). Disponível em: <http://w2.vatican.va/content/francesco/pt/speeches/2018/may/documents/papa-francesco_20180516_religioni-dharmiche.html>. Acesso em: 08/06/2018.

2

INSTÂNCIAS DO DIÁLOGO
AD INTRA ECCLESIA

Seguindo a proposta conciliar, o Papa Francisco propõe um amplo e profundo diálogo sobre a organização estrutural da Igreja Católica, analisando suas estruturas e instituições e propondo reformas que as tornem mais fiéis à sua missão de anunciar o Evangelho (UR 6). A tônica da conversa é descentralização, partilha de decisões na condução da Igreja e dos processos pastorais, superação de toda tendência (tentação!) ao monopólio e à autorreferência. Isso requer um processo de conversão tanto pessoal quanto institucional, de modo a formar uma Igreja que melhor responda às exigências da missão hoje.

1. A cúria romana

A cúria romana é um organismo que trata de "questões da Igreja universal, em nome e com a autoridade do sumo pontífice" (CDC, can. 360). Mas as coisas não vão muito bem...! Em dezembro de 2014 e 2015, o Papa Francisco tratou de um "catálogo de doenças curiais". Entre outras, ele fala da planificação excessiva e do funcionalismo, de Alzheimer espiritual, de rivalidade e da vanglória, de divinizar os líderes, da indiferença para com os outros, dos círculos fechados, do lucro mundano, dos exibicionismos.[1] Em dezembro de 2016, ele apresentou aos cardeais da cúria 12 critérios para a continuidade das reformas que pretende fazer, dentre os quais: a conversão pessoal, a conversão pastoral, a missionariedade (fé cristocêntrica), a atualização, a sobriedade, a subsidiariedade, a sinodalidade, a catolicidade.[2] Isso mostra coerência com o que havia afirmado em outra ocasião: "Também as estruturas centrais da Igreja universal precisam ouvir esse apelo a uma conversão pastoral" (EG 32).

E tal será possível apenas se a cúria for uma estrutura de diálogo efetivo, com capacidade de trabalho em equipe e real corresponsabilidade entre as diversas instâncias. Então, é de se esperar melhoras nas relações entre o Papa e a cúria romana; a cúria e o sínodo dos bispos; o sínodo e o colégio episcopal, os bispos e os presbíteros, os presbíteros e toda a comunidade paroquial. Sem melhoria nessas relações, que expresse real conversão em perspectiva missionária, mudan-

---

[1] Id. Discurso aos cardeais e colaboradores da cúria romana (22/12/2014). Disponível em: <http://w2.vatican.va/content/francesco/pt/speeches/2014/december/documents/papa-francesco_20141222_curia-romana.html>. Acesso em: 24/05/2018.

[2] Id. Encontro com a cúria romana (22/12/2016). Disponível em: <http://w2.vatican.va/content/francesco/pt/speeches/2016/december/documents/papa-francesco_20161222_curia-romana.html>. Acesso em: 30/05/2018.

ça alguma será possível na Igreja. Com relação à cúria, já foi perguntado: "o que impediria ao Papa de cessar de ser o responsável direto da cúria?".[3] E o mesmo autor da pergunta sugere que o Papa poderia ter um conselho para si mesmo, e a cúria outro conselho, que prestaria contas tanto ao Papa quanto ao colégio dos bispos, "representado, por exemplo, pelo conselho do sínodo dos bispos junto ao Papa".[4] Isso tem forte motivação pastoral, se observado que a cúria não consegue resolver todas as questões de que trata, tanto no âmbito universal quanto sobre as Igrejas locais. Observa-se que ela "deve poder continuar a agir com uma autoridade real sobre os bispos", mas com um significativo melhoramento das relações entre a cúria e o colégio episcopal.[5]

É claro que a Igreja, como instituição humana e terrena, precisa de um centro administrativo e coordenador, em âmbito universal e local, da vivência da fé dos fiéis. Mas esse centro não pode entender-se como o único capaz de decidir sobre a compreensão e a vivência da fé, sem ouvir e aceitar a legitimidade da fé vivida fora do centro. Assim, tornar a cúria uma instância de diálogo implica o exercício de ouvir mais as conferências episcopais e as Igrejas locais espalhadas em todo o mundo.

---

[3] LEGRAND, Hervé. Communio ecclesiae, communio ecclesiarum, collegium episcoporum. In: SPADARO, Antonio; GALLI, Carlos María. *La Riforma e le Riforme nella Chiesa*. Brescia: Queriniana, 2016, p. 179.

[4] Ibid., p. 180.

[5] Ibid., p. 180.

Para o Papa deixar de ser o responsável "direto" da cúria, como sugerido anteriormente, exige-se um novo estilo de ser Papa. Mas, embora Francisco dê sinais disso, não se trata de uma tarefa que possa ser realizada por um pontificado apenas, pois mudanças na concepção do Papado como um todo exigem continuidade no tempo. No presente, é fundamental o que Legrand propõe: que o Papa perceba quando está ou não agindo de forma livre em relação à cúria romana, e quando a cúria está ou não a serviço das conferências episcopais e das Igrejas locais.

2. As conferências episcopais

Com a reforma gregoriana, intensificou-se o processo de universalização da Igreja de Roma, fazendo das Igrejas locais apenas uma extensão da Igreja presidida pelo bispo de Roma. Essa tendência afirmou a Igreja romana como "origem e fonte" das demais Igrejas. No Vaticano II houve a valorização da Igreja local como

> porção do povo de Deus confiada a um bispo para que a pastoreie em cooperação com o presbitério, de tal modo que, unida a seu pastor e por ele congregada no Espírito Santo mediante o Evangelho e a Eucaristia, constitua uma Igreja particular, na qual verdadeiramente está e opera a Una Santa Católica e Apostólica Igreja de Cristo (CD 11).

O Vaticano II entende a Igreja universal a partir das Igrejas locais, e não a partir de si mesma. A Igreja local é a primeira realidade da Igreja universal, em cada Igreja local está a Igreja universal e esta só existe a partir da sua realização concreta naquela.

Na direção do concílio, o Papa Francisco entende que cada Igreja particular "é o sujeito primário da evangelização enquanto é a manifestação concreta da única Igreja num lugar da terra ... é a Igreja encarnada num espaço concreto" (EG 30). Assim, por uma justa e equilibrada relação entre a Igreja universal e a Igreja local, fica claro que na missão episcopal da Igreja local os bispos também são corresponsáveis com as outras Igrejas que formam a Igreja universal, como "partícipes da solicitude de todas as Igrejas" (CD 3) em comunhão com o Papa.

O princípio da Igreja local é o ponto de partida da eclesiologia do Papa Francisco. Tem aqui a perspectiva sinodal da Igreja, onde "O primeiro nível de exercício da sinodalidade realiza-se nas Igrejas particulares",[6] com a atuação dos presbíteros, dos leigos e dos diversos conselhos. E, no segundo nível, valorizam-se as conferências episcopais. Para Francisco, no modelo das antigas Igrejas patriarcais e retomando o número 23 da *Lumen gentium*, "as conferências episcopais podem aportar uma contribuição múltipla

---

[6] PAPA FRANCISCO. Comemoração do cinquentenário da instituição do Sínodo dos Bispos (17/10/2015). Disponível em: <http://w2.vatican.va/content/francesco/pt/speeches/2015/october/documents/papa-francesco_20151017_50-anniversario-sinodo.html>. Acesso em: 02/07/2018.

e fecunda, para que o sentimento colegial leve a aplicações concretas" (EG 32). O último nível é o da Igreja universal, no real espírito de colegialidade e sinodalidade na Igreja, pela prática de um real intercâmbio, diálogo e cooperação em "uma Igreja toda sinodal".[7] Nisso se expressa concretamente a comunhão eclesial. Para que tal aconteça, é fundamental acolher a "contribuição múltipla e fecunda" que cada conferência episcopal oferece à compreensão e à vivência do Evangelho. Trata-se de retomar algo da Igreja patrística, onde cada patriarcado tinha considerável autonomia para a condução do processo de evangelização e, inclusive, definição de verdades de fé. Desse modo, devolve-se às Igrejas particulares a condição de sujeito de direito e de iniciativas que contribuem para a Igreja universal. É dessa forma que Francisco entende a comunhão eclesial, isto é, como comunhão entre Igrejas particulares e entre Igrejas regionais. Todas têm voz, e precisam ser ouvidas. Assim se concretiza a Igreja do diálogo:

> Penso, aliás, que não se deve esperar do magistério papal uma palavra definitiva ou completa sobre todas as questões que dizem respeito à Igreja e ao mundo. Não convém que o Papa substitua os episcopados locais no discernimento de todas as problemáticas que sobressaem nos seus territórios. Neste sentido, sinto a necessidade de proceder a uma salutar "descentralização" (EG 16).

---

[7] Ibid.

Ao mesmo tempo, porém, com um aguçado senso de realismo, o Papa Francisco sabe que as conferências episcopais foram, ao longo da história, destituídas dos meios que lhes permitem agir com autonomia e, simultaneamente, em comunhão com Roma. Atualmente elas, apenas com dificuldades, se fazem ouvir em suas solicitações e contribuições às instituições centrais da Igreja. Por isso, as conferências episcopais praticamente não possuem nenhum poder de decisão sobre questões cotidianas das Igrejas por elas representadas. O Papa entende muito bem a razão disso: é que "ainda não foi suficientemente explicitado um estatuto das conferências episcopais que as considere como sujeitos de atribuições concretas, incluindo alguma autêntica autoridade doutrinal" (EG 32).

Concretamente, o espírito do diálogo e da comunhão na Igreja local se concretiza nas paróquias. A paróquia, como base da Igreja local, é formada por todos os cristãos que em função do Batismo também se sentem comprometidos com a evangelização. Para isso, é preciso superar o paroquialismo que, por séculos, concentrou a organização da paróquia numa visão feudal e patrimonialista, posse de um pequeno número de fiéis socialmente privilegiados. A valorização da Igreja local no Vaticano II tem influência para uma transformação das paróquias, transcendendo as fronteiras que impedem de sentir-se membros constitutivos da "porção do povo de Deus" na Igreja local. Os párocos precisam comungar com o bispo e o seu presbitério, partilhando as responsabilidades na missão. Para Francisco, a paróquia "possui uma grande plasticidade, pode assumir formas muito diferentes que requerem a docilidade e a criatividade missionária". Ela é "comunidade de comunidades, santuário onde os sedentos vão beber para continuarem a caminhar" (EG 28). Enfim, a paróquia ganha novo vigor no processo da evangelização, de modo que pode hoje se compreender como uma "rede de comunidades" que faz uma real experiência da comunhão na fé, na partilha de vida, no testemunho comum do Evangelho.

3. O Papado

O Papa Francisco está aberto ao diálogo também sobre o exercício do seu ministério. Tem consciência de que as formas de ser Papa se constroem historicamente e que, por isso, é preciso buscar hoje a maneira que mais condiz com a essência da sua missão: ser referência de comunhão. Francisco está, assim, em continuidade com o que o Papa João Paulo II propunha, entender o ministério petrino "em uma nova situação" (UUS 95). Mudanças se fazem necessárias para isso: "Dado que sou chamado a viver aquilo que peço aos outros, devo pensar também numa conversão do Papado" (EG 32). É somente na dinâmica da conversão que o Papado torna-se uma instância de diálogo. Conversão aqui não é uma questão apenas pessoal ou espiritual, mas também institucional e pastoral. Por isso, as reformas no Papado acontecem no mesmo passo das reformas na cúria romana, nas conferências episcopais e em outras "estruturas centrais da Igreja universal" (EG 32). A Igreja "em saída" dá o tom e a finalidade dessa reforma/conversão: é missionária. Ou seja, as reformas devem acontecer para melhor qualificar a missão da Igreja em nosso tempo. Isso vale também para o Papado: "Compete-me, como bispo de Roma, permanecer aberto às sugestões tendentes a um exercício do meu ministério que o torne mais fiel ao significado do que Jesus Cristo pretendeu dar-lhe e às necessidades atuais da evangelização. ... Pouco temos avançado neste sentido" (EG 32).

A necessidade e a possibilidade de revisão no exercício do ministério petrino leva estudiosos a concluírem que:

> Aquilo que agora falta é uma integração, não só eclesiológica, mas também cristológica e teológica num sentido lato, um novo modo de interpretar, à luz do dado evangélico, seja teologicamente, seja praticamente, o ministério petrino. De fato ... (ao interpretar) a doutrina da Igreja (sobre esse ministério) ... não se devem contudo desconhecer as carências a ela latentes: todo o seu modo de pensar e de se exprimir não se inspira na autoridade entendida biblicamente do discípulo, apóstolo e pastor, mas no modelo "profano" da *suprema auctoritas*.[8]

---

[8] KASPER, Walter. Ciò che permane e ciò che muta nel ministero petrino. *Concilium* 8/1975, p. 55.

Rever o exercício do ministério petrino é algo que diz respeito às aspirações por reforma na Igreja durante toda a sua história. Desde os tempos de Constantino (séc. IV), a autoridade da Igreja universal vem se concentrando na Igreja local de Roma e, nela, tudo depende do Papa. Com Inocêncio III (1160-1216), o Papa se declara o representante direto de Cristo na terra, seu *vicarius*; Bonifácio VIII (1235-1303) exige submissão de todo outro tipo de autoridade existente no mundo; e o Vaticano I definiu a autoridade Papal infalível em questões de fé e de moral. A partir de então, é praticamente impossível entender o exercício da autoridade no espírito do diálogo, da colegialidade e da sinodalidade evangélicas. Significativa é a proposta já feita para mudar essa situação, mas sem efeito algum mesmo por quem a propôs e teve condições para tanto:

> Dever-se ia, portanto, considerar como meta para o futuro distinguir de novo claramente o ofício autêntico do sucessor de Pedro e o ofício patriarcal e, onde necessário, criar novos patriarcados sem mais lhes considerar incorporados na Igreja latina. Dever-se-á refletir logo como dar à Igreja da Ásia e da África, assim como às do Oriente, uma forma própria como "patriarcados' ou "grandes Igrejas" autônomas.[9]

Outras sugestões são dadas para a reforma do primado petrino, como "tomar as suas decisões no âmbito de um consistório"; dar às conferências episcopais o direito de

---

[9] RATZINGER, Joseph. *O novo povo de Deus*. Paulinas, 1974, p. 155s.

apresentar questões na ordem do dia do sínodo dos bispos, com "autoridade de decisão neste sínodo em algumas circunstâncias"; consultar os bispos antes de tomar decisões importantes; permitir que "um número qualificado de bispos" possa convocar um concílio; permitir o recurso à Santa Sé "contra uma sentença do romano pontífice".[10]

Não são mudanças impossíveis no futuro da Igreja; mas certamente não possíveis no presente, de modo que o Papa Francisco poderá, no máximo, apenas dar início à preparação para mudanças no primado, que, espera-se, sejam levadas adiante por seus sucessores.

As mudanças nessas instâncias internas da Igreja têm como finalidade torná-las um espaço de verdadeira participação nas discussões e nas decisões do que diz respeito à sua organização e à missão. O atual pontificado propõe como princípios maiores para isso a colegialidade, a subsidiariedade, a corresponsabilidade. Trata-se de uma verdadeira descentralização das decisões, sabendo que "Uma centralização excessiva, em vez de ajudar, complica a vida da Igreja e sua dinâmica missionária" (EG 32). E nisso o diálogo não é apenas um meio ou método, mas elemento constitutivo das diversas instâncias eclesiais. Diálogo é tanto o *modus essendi* quanto o *modus operandi* das instituições eclesiais no pontificado de Francisco.

---

[10] LEGRAND, Hervé, op. cit., p. 188.

3

O DIÁLOGO SOCIOCULTURAL

1. A atenção aos "sinais dos tempos"

O movimento *ad extra* é uma opção da Igreja conciliar assumida no pontificado de Francisco. Expressa uma Igreja em superação das tendências de "autorreferencialidade" e de enclausuramento em doutrinas e estruturas. A Igreja realiza sua identidade e missão numa interação positiva com a sociedade, a cultura, as outras Igrejas e as religiões. A essas realidades, a Igreja sente-se vocacionada ao encontro, ao diálogo, à cooperação e à comunhão.

Trata-se de uma Igreja atenta "aos sinais dos tempos", sensível às diversas situações pelas quais passa a humanidade. O mundo vive rápidas e profundas mudanças no âmbito econômico, político, cultural e religioso, causando dificuldades e paradoxos, esperanças e angústias (GS 4). Acentua-se a "economia da exclusão" (EG 53-54), a "idolatria do dinheiro" (EG 55-58), a desigualdade social gera violência (EG 59-60) e o individualismo desintegra o tecido social (EG 67). As culturas urbanas desafiam valores tradicionais e a fé da Igreja (EG 71-75); as ciências e um novo sistema cultural (GS, 5) produzem a sociedade industrial e a civilização urbana que avançam nas zonas rurais (GS 6), com mudanças psicológicas, morais e religiosas, que afetam a todos, principalmente a juventude (GS 7). Francisco entende que esses elementos da atual realidade:

> São alguns sinais, entre outros, que mostram como o crescimento nos últimos dois séculos não significou, em todos os seus aspectos, um verdadeiro progresso integral e uma melhoria da qualidade de vida. Alguns destes sinais são ao mesmo tempo sintomas duma verdadeira degradação social, duma silenciosa ruptura dos vínculos de integração e comunhão social (LS 46).

Emergem daí muitos desafios no âmbito pessoal, familiar, social (GS 8) e para a inculturação do Evangelho (EG 68-70). Nesse contexto, é fundamental perseverar nos esforços pela promoção da dignidade da pessoa, pela fraternidade universal de raças, povos e gêneros, pela participação de todos nos bens da civilização e na organização social (GS 9). Vale para todos os tempos e lugares o que Francisco afirmou sobre a promoção do bem comum, da justiça e da paz na Síria: "Trata-se de um caminho que devemos percorrer juntos, com paciência e perseverança, mas também com urgência, e a Igreja não deixará de continuar a oferecer a sua contribuição".[1] Pois "Não podemos considerar-nos grandes amantes

---

[1] PAPA FRANCISCO. Discurso aos membros dos organismos caritativos católicos que atuam no contexto da crise humanitária na Síria, Iraque e países confinantes (29/09/ 2016). Disponível em: <http://w2.vatican.va/content/francesco/pt/speeches/2016/september/documents/papa-francesco_20160929_organismi-caritativi-cattolici.html>. Acesso em: 09/07/2018.

da realidade, se excluímos dos nossos interesses alguma parte dela: 'paz, justiça e conservação da criação'" (LS 92).

Fato incontestável é a configuração plural do mundo atual, nos âmbitos da cultura, da religião, das ciências, das artes, da economia, da ética etc. Por um lado, isso é positivo e mostra a dinamicidade da vida dos povos numa variedade nos modos de viver que enriquecem a história humana. Precisamos valorizar as diferenças no mundo em que vivemos:

> Nós, neste tempo em que nos é concedido viver, experimentamos uma tendência em nível mundial rumo à uniformidade, a tornar tudo igual. Isto significa matar a humanidade. Esta é uma colonização cultural. Devemos compreender a riqueza das nossas diferenças — étnicas, religiosas, populares — e o diálogo nasce precisamente destas diferenças. E a partir destas diferenças aprendemos do outro, como irmãos.[2]

Por outro lado, esse pluralismo exige uma leitura teológica consistente, para além da análise fenomenológica, para discernir nele as interpelações e o significado para a compreensão do Evangelho e da Igreja. Estas interpelações e significados podem ser recebidos com resistência e temor, mas também como exigências de diálogo, tolerância e cooperação. Nesse contexto, manifesta-se a Igreja do diálogo, de forma corajosa e profética. É a Igreja que interage com

---

[2] Discurso no encontro com líderes religiosos de Myanmar (28/11/2017) Disponível em <http://w2.vatican.va/content/francesco/pt/speeches/2017/november/documents/papa-francesco_20171128_viaggioapostolico-myanmar-leaderreligiosi.html>. Acesso em: 07/07/2018.

as manifestações plurais do nosso tempo para discernir as expressões de vivências legítimas do Evangelho e sinais do Reino e, também, os fatores e as expressões de contradição do Evangelho e de divisão do povo de Deus, as interpelações à consciência do ser Igreja e da sua missão. Vivemos no

tempo em que a fé é chamada a tornar-se *nova audácia pelo Evangelho*. A audácia não é a coragem de um dia, mas a paciência de uma missão cotidiana na cidade e no mundo. É a missão de voltar a urdir pacientemente o tecido humano das periferias, que a violência e o empobrecimento dilaceraram; de anunciar o Evangelho através da amizade pessoal; de demonstrar como uma vida se torna verdadeiramente humana, quando é vivida ao lado dos mais pobres; de criar uma sociedade em que ninguém mais seja estrangeiro. É a missão de ultrapassar os confins e os muros, a fim de reunir.[3]

É a esse mundo que a Igreja precisa pregar o Evangelho como uma "eterna novidade" (EG 11-13). Com esse mundo, ela dialoga e com ele quer contribuir (EG 238-241). Ela não quer "ensinar" o mundo, mas dialogar com ele para compreender a verdade que precisa ser afirmada. A Igreja se faz companheira e servidora, solidária com a família humana (GS 1-2) e a seu serviço, sobretudo dos pobres e de todos os que sofrem (GS 3). Os desafios se tornam motivações

---

[3] Id. Discurso na visita à comunidade de Santo Egídio por ocasião do 50º aniversário de fundação (11/03/2018). Disponível em: <http://w2.vatican.va/content/francesco/pt/speeches/2018/march/documents/papa-francesco_20180311_visita-sant-egidio.html>. Acesso em: 04/05/2018.

para um renovado impulso missionário de "evangelizadores com espírito", ou seja, "com sentido cristão ao compromisso e à atividade missionária" (EG 262).

2. Exigências fundamentais

Os tempos atuais apresentam três fundamentais exigências para a Igreja.

2.1 A opção pelos pobres

Caminhando com o concílio, uma característica marcante da Igreja do diálogo com a sociedade é a sua postura profética, denunciando aquilo que contradiz o projeto de vida para todos, conforme o Evangelho, de modo que o *kerigma* tenha repercussões comunitárias e sociais (EG 177). Revigora-se a opção pelos menos favorecidos, sobretudo os pobres. O concílio exorta a Igreja a olhar "para os pobres com amor traduzido em obras de caridade (AA 8), a ver Cristo nos pobres que vivem torturados pela fome, doenças e completa miséria (GS 88), a viver a humildade e abnegação, reconhecendo nos pobres e sofredores o rosto pobre e sofredor de Cristo (LG 8), a se interessar pelos pobres e humildes para cuja evangelização a mandou o Senhor (CD 13), a evitar aparência de riqueza e vaidade (PO 17), bem como ser pobre de fato (PC 13). O Papa Francisco optou por um estilo pobre, simples, abnegado como coerência da continuidade da opção pelos pobres. Afirma que a inclusão social dos pobres "deriva da nossa fé em Cristo" (EG 186), sendo cada cristão e cada comunidade chamados ao "serviço da libertação e promoção dos pobres, para que possam integrar-se plenamente na sociedade" (EG 187). A Igreja do diálogo está, assim, em perfeita sintonia com o Vaticano II, o qual constatou que "nunca o gênero humano teve ao seu dispor tão grande abundância de riquezas, possibilidades e poderio econômico; e, no entanto, uma imensa parte dos habitantes da terra é atormentada pela fome e pela miséria, e inúmeros são ainda analfabetos" (GS 4). É preciso, portanto, ouvir o clamor dos necessitados (EG 187), reafirmar a prática da solidariedade (EG 188-189) e acreditar que "No coração de Deus, ocupam lugar preferencial os pobres" (EG 197). Enfim, "Precisamos de nova solidariedade universal" (LS 14).

2.2 Promoção do bem comum e da paz social

A paz não é imposição de um grupo que silencia outros, não é impor o silêncio aos mais necessitados, não se consegue por "um consenso de escritório" (EG 218), nem é simples ausência de guerra. Francisco assume o ensino de Paulo VI ao dizer que a paz "se constrói no dia a dia, na busca de uma ordem querida por Deus que traz consigo uma justiça mais perfeita" entre as pessoas.[4] E isso exige o desenvolvimento do papel social de cada cidadão, com participação ativa na vida política das nações (EG 220).

---

[4] PAULO VI. *Populorum progressio.* Petrópolis: Vozes, 1990, n. 76.

A construção da paz e da convivência social é orientada por quatro princípios: "O tempo é superior ao espaço", sendo entendido por "tempo" o horizonte que se abre, como utopia, "tempo dos processos", que "ordena os espaços, ilumina-os e transforma-os em elos de uma cadeia em constante crescimento" (EG 223); "A unidade prevalece sobre o conflito": o conflito não pode ser negado e também não deve causar inércia. Ele precisa ser aceito para ser transformado. Isso exige solidariedade, unidade das diferenças, estabelecer vínculos entre as polaridades. A paz é possível harmonizando as diferenças, sem anular mas trabalhando as tensões. A referência para isso é Cristo, que tudo pacificou "pelo sangue da cruz" (Cl 1,20), de modo que Cristo "é a nossa paz" (Ef 2,14). "A unidade do Espírito harmoniza todas as diversidades" (EG 230); "A realidade é mais importante que a ideia", é a dimensão concreta da vida, para além das elaborações conceituais. Realidade e ideia precisam estar juntas, evitando uma vida cristã e eclesial abstrata, purista, idealizada dogmaticamente. O modelo é a encarnação de Cristo, Palavra encarnada (EG 233); "O todo é superior à parte", o que exige uma unidade entre as dimensões local e global da realidade. É preciso viver com realismo nas situações específicas, limitadas, sem ser prisioneiro delas, de modo a "alargar sempre o olhar para reconhecer um bem maior... trabalha-se no pequeno, no que está próximo, mas com uma perspectiva mais ampla"

(EG 235). O Papa Francisco dá como exemplo aqui uma figura geométrica, "o poliedro, que reflete a influência de todas as partes que nele mantém a sua originalidade" (EG 235). Nessa imagem vinculam-se, por exemplo, a ação pastoral e a ação política, o individual e o coletivo, os pobres e suas exigências, os povos em suas diferentes identidades, a mística e as lutas e a festa.

A contribuição da Igreja para com a vida social é orientada pelo ensino social do magistério e se expressa concretamente nos projetos de real incidência na sociedade. A razão fundamental da sua presença e ação no mundo é o entendimento de que o Reino acontece dentro da história humana, e que nessa história há sinais de antirreino que precisam ser extirpados (EG 180-181). Assim fazendo, a Igreja sente-se seguidora fiel de Jesus, que tinha a proposta do Reino como o centro da sua vida e de sua mensagem (Mt 4,23; 5,3-12; 6,33; Lc 1,15; 11,20; 12,31). Dessa forma, a Igreja entende-se sinal e sacramento do Reino no mundo (LG 1, 5, 48). O Reino é o núcleo em volta do qual gravitam o ensinamento e a atividade da Igreja, tal como foi para Jesus. O Reino é de Deus, mas para acontecer na história humana é preciso que esta seja transformada segundo os critérios do Reino, com destaque para relações de justiça, de paz, de caridade, de perdão. E a missão da Igreja consiste justamente nisso: colaborar na transformação do mundo para que o Reino de Deus possa aí se realizar.

2.3 O diálogo entre culturas

O mundo plural exige o encontro, a interação e o intercâmbio entre as culturas. O Papa identifica desafios culturais como a globalização, que impõe padrões de sociedades desenvolvidas, fragilizando as culturas locais; os *mass media*, que se tornam referências absolutas para a formação de comportamentos, "vivemos numa sociedade da informação que nos satura indiscriminadamente" (EG 64); as ciências, que impõem um "racionalismo secularista" (EG 63); o "individualismo pós-moderno" (EG 67), pelo qual a "indiferença relativista, relacionada com a desilusão e a crise das ideologias que se verificou como reação a tudo o que pareça totalitário" (EG 61); a "cultura do descarte" (LS 16), que dá prioridade "aquilo que é exterior, imediato, visível, rápido, superficial, provisório" (EG 62).

Esses elementos da cultura atual, entre outros, desafiam a Igreja, que sente "uma necessidade imperiosa de evangelizar as culturas para inculturar o Evangelho" (EG 69). Os desafios constatados não devem subestimar o valor das culturas, e "um olhar de fé sobre a realidade não pode deixar de reconhecer o que semeia o Espírito Santo" (EG 68). Há novas possibilidades para a evangelização apresentadas pelas culturas atuais. Para compreender os novos modos de se relacionar com Deus, "É necessário chegar aonde são concebidas as novas histórias e paradigmas" (EG 74). Assim, há de se procurar desenvolver novos processos de evangelização no mundo multicultural.

E a melhor forma de realizar isso é propor um diálogo entre a fé, as culturas e as ciências, as instituições religiosas e a sociedade civil, numa corresponsabilidade pela defesa e promoção da vida humana e da criação inteira. É fundamental

> a convergência de esforços e de ideias, capazes de empenhar representantes de várias comunidades: cientistas e médicos, pacientes, famílias, estudiosos de ética e de cultura, líderes religiosos, filantropos, representantes de governos e do mundo empresarial. Sinto-me particularmente feliz de que este processo já esteja em curso, e que esta iniciativa reúna idealmente muitas pessoas, para o bem de todos.[5]

Afinal, "é fundamental que aumente o nosso conhecimento sobre a responsabilidade ética em relação à humanidade e ao ambiente em que vivemos". E isso supõe um diálogo sério e profundo entre todos, mostrando que fé e razão podem cooperar para progressos científicos que valorizem a centralidade da pessoa humana, defendam a sua dignidade e o bem comum (EG 242-243).

E para o mesmo fim concorre o diálogo ecumênico e inter-religioso, compreendendo as especificidades com as quais cada um contribui para a articulação de projetos para a justiça e a paz em âmbito mundial.

---

[5] PAPA FRANCISCO. Discurso aos participantes da Conferência Internacional "Unite to Cure", promovida pelo Pontifício Conselho para a Cultura (28/04/2018). Disponível em: <http://w2.vatican.va/content/francesco/pt/speeches/2018/april/documents/papa-francesco_20180428_conferenza-pcc.html>. Acesso em: 29/06/2018.

4

O DIÁLOGO ECUMÊNICO

Ao abrir-se para o mundo, a Igreja percebe que não é a única voz religiosa nem a única orientação espiritual dos cidadãos. A atual sociedade é marcada por um intenso pluralismo de orientações religiosas, dentro e fora do universo cristão. Esse contexto questiona toda pretensão de exclusividade religiosa no espaço social e provoca o convívio, o diálogo e a cooperação entre credos. Não obstante o fato de que nem todos os grupos religiosos estão dispostos a estabelecer interações positivas com outros, a convivência e o diálogo se impõem como expressão de coerência à mensagem que propõem.

O Papa Francisco expressa a visão positiva que a Igreja Católica tem do atual pluralismo eclesial e religioso, e apresenta a sua contribuição para que essa realidade não seja motivo de conflitos. Assume a proposta conciliar do diálogo com as outras Igrejas apresentando critérios e princípios para a busca da comunhão na fé (UR 2-4), exorta a que seus fiéis se relacionem positivamente com os fiéis de outras Igrejas, colaborem com eles (UR 5-12) e se integrem em organizações ecumênicas pelas quais se desenvolve um diálogo multilateral e bilateral. O movimento ecumênico é assumido na doutrina católica como um impulso da ação do Espírito Santo (UR 2).

Tal é o caminho da Igreja também no pontificado de Francisco (EG 244, 246; LS 7-9). Juntos, com outras formas de crer, o Papa sabe que todos "somos peregrinos, e peregrinamos juntos. Para isso, devemos abrir o coração ao companheiro de estrada sem medos nem desconfianças, e olhar primariamente para o que procuramos: a paz no rosto do único Deus" (EG 244). Assim, o Papa Francisco dá a sua contribuição para que as Igrejas se ajudem mutuamente na compreensão, vivência e testemunho da fé em Cristo e do seu Evangelho. E, dessa forma, a Igreja se torna realidade de proximidade, de encontro e de relações que a formam como espaço da *koinonia agápica* entre o Pai, o Filho e o Espírito, que se extravasa e gera a comunidade histórica do povo de Deus que se encaminha para o Reino. Juntas, as Igrejas realizam a *ekklesía tou Theou* historicamente concretizada na com-vivência cristã. Esse fato é o que permite convergências e consensos na linguagem, nos ritos e nas estruturas que envolvem os que com-vivem. À linguagem, aos ritos e às estruturas da com-vivência cabe a missão de funcionarem como canais de expressão de um fundamental elemento constitutivo da comunidade eclesial – a comunhão.

Com efeito, as crenças religiosas e a maneira de as praticar influem naquilo que somos e na compreensão do mundo que nos rodeia. São, para nós, fonte de iluminação, sabedoria e solidariedade, enriquecendo assim as sociedades onde vivemos. Ao cuidar do crescimento espiritual das nossas comunidades, ao formar as mentes e os corações para a verdade e os valores ensinados pelas nossas tradições religiosas, tornamo-nos uma bênção para as comunidades onde vive o nosso povo.[1]

1. A retomada do ecumenismo com o Papa Francisco

A retomada criativa do Vaticano II no atual pontificado da Igreja Católica acontece como "re-recepção" (Congar), sintonizada com os esforços por reformas na Igreja e com grande alcance ecumênico. Internamente, isso exige compreender a doutrina da Igreja na perspectiva dialógica e processual. Os dogmas não caíram prontos do céu, possuem uma evolução, e condicionamentos históricos, culturais e sociológicos os foram definindo por um processo relacional com atores internos e externos à comunidade católica. De fato, "o depósito da fé ... não representa um museu para visitar nem só para salvaguardar, mas é uma fonte viva na qual a Igreja se dessedenta para matar a sede e iluminar o

---

[1] PAPA FRANCISCO. Encontro ecumênico e inter-religioso (Nairóbi, 26/11/2015). Disponível em: <http://w2.vatican.va/content/francesco/pt/speeches/2015/november/documents/papa-francesco_20151126_kenya-incontro-interreligioso.html>. Acesso em: 25/05/2018.

depósito da vida".[2] Para reconhecer isso, é preciso "abandonar a atitude de juiz e vestir a roupa do pedagogo, daquele que é capaz de obter das Igrejas e dos seus ministros as potencialidades de bem que Deus semeia incessantemente".[3]

Externamente, isso mostra que os católicos podem acolher a contribuição dos outros para a compreensão de suas próprias verdades. Colabora para tanto uma releitura dos ensinamentos do Vaticano II, em sintonia com os resultados obtidos pelos diálogos teológicos realizados no período pós-conciliar. O concílio não é o ponto de chegada do ecumenismo para os católicos, mas o ponto de partida. A compreensão da fé ganhou novas luzes pelas relações ecumênicas favorecidas pelo concílio, relativizando contrastes e contraposições do passado, de modo que não podemos recebê-lo hoje sem considerar as sintonias, as convergências e os consensos obtidos sobre o núcleo essencial e decisivo para o ser cristão e ser Igreja, apresentados pelo diálogo ecumênico.

Nesse esforço de "re-recepção" do concílio, a Igreja Católica se coloca em diálogo com outras Igrejas, ciente de

---

[2] Id. Discurso para o Sínodo para a Família (05/10/2015). Disponível em: <http://w2.vatican.va/content/francesco/pt/speeches/2015/october/documents/papa-francesco_20151005_padri-sinodali.html>. Acesso em: 08/07/2018.

[3] Id. Discurso à comunidade da Pontifícia Academia Eclesiástica (25/06/2015). Disponível em: <http://w2.vatican.va/content/francesco/pt/speeches/2015/june/documents/papa-francesco_20150625_pontificia-accademia-ecclesiastica.html>. Acesso em: 06/07/2018.

que a inteligência de suas verdades pode receber contribuições da inteligência da fé manifestada nas outras Igrejas:

> As diferentes tradições teológicas, litúrgicas, espirituais e canônicas, que se desenvolveram no mundo cristão, quando estão genuinamente radicadas na tradição apostólica, são uma riqueza e não uma ameaça para a unidade da Igreja ... Tarefa ecumênica é respeitar as diversidades legítimas e fazer com que se superem as divergências inconciliáveis com a unidade que Deus pede.[4]

As diferentes igrejas vivem numa verdade evangélica que lhes garante identidade e eclesialidade cristãs. As Igrejas não são iguais, mas toda real experiência do Evangelho é eclesial. E "a expressão da verdade pode ser multiforme" (EG 41). Ora, onde há "verdade" existe a ação do Espírito que conduz à Verdade (Jo 16,13), que não inspira apenas o conjunto dogmático da tradição católica. A verdade é salvífica onde ela se manifesta e é acolhida. E, se algo contribui para a salvação, é porque possui uma perfeição na verdade que lhe torna portadora de realidades salvíficas. Portanto, se as tradições eclesiais possuem formas diferentes de compreender e expressar a verdade (por exemplo não definir formulações dogmáticas), não significa que suas doutrinas não tenham esse valor se olhadas na ótica de cada Igreja.

---

[4] Id. Discurso aos participantes da plenária do Pontifício Conselho para a Promoção da Unidade dos Cristãos (10/11/2016). Disponível em: <http://w2.vatican.va/content/francesco/pt/speeches/2016/november/documents/papa-francesco_20161110_plenaria-unita-cristiani.html>. Acesso em: 05/05/2018.

Em suas ricas tradições, possuem verdades concedidas pela ação multiforme do Espírito. E se é o Espírito quem lhes concede verdades, estas não são efêmeras, circunstanciais, mas têm valor perene. Não é exatamente essa a concepção do dogma católico? Então, o diálogo ecumênico também não pode exigir nenhuma alteração do conteúdo essencial das doutrinas das diferentes Igrejas. Uma justa aplicação da hierarquia das verdades levará as Igrejas a um núcleo comum da fé. A partir desse núcleo, elas são convidadas a fazerem também uma re-apropriação das próprias verdades, no horizonte do diálogo de reconciliação dos cristãos: "Se nos concentrarmos nas convicções que nos unem e recordarmos o princípio da hierarquia das verdades, poderemos caminhar decididamente para formas comuns de anúncio, de serviço e de testemunho" (EG 246). As Igrejas deverão trabalhar isso no seu próprio interior, buscando convergências que conduzirão à reconciliação e comunhão desejadas. Será possível, então, reformularem juntas a fé comum, processo no qual uma Igreja não deverá exigir da outra mais do que o necessário para uma verdadeira comunhão. Acontecerá, assim, não apenas uma re-recepção realmente ecumênica do Vaticano II, mas de toda a tradição cristã, em vista de uma re-acolhida mútua das diferentes tradições eclesiais. Essa re-apropriação deve tornar-se um instrumento teológico e canônico comum, à luz do testemunho global das Escrituras, que contribui para conciliar unidade na fé com unidade/diversidade na sua formulação. Certamente, no final desse processo as Igrejas descobrirão que sempre estiveram próximas umas das outras, em uma comunhão real e maior do que imaginavam. Assim se pronunciou o Cardeal Bea em Patras, quando da restituição da relíquia de Santo André, no dia 14/09/1964:

> Durante séculos, vivemos como estranhos uns aos outros, enquanto um batismo comum nos tornava filhos de Deus em Cristo, irmãos uns dos outros. Durante séculos encontramo-nos muitas vezes, infelizmente demasiadas vezes, em oposição uns aos outros, enquanto pelo dom de um mesmo sacerdócio celebrávamos a mesma Eucaristia, comíamos o mesmo pão da vida, comungávamos o corpo do mesmo e único Senhor, que veio dar a sua vida para reunir os filhos de Deus, que andavam dispersos.[5]

2. Destaques na re-recepção ecumênica do Vaticano II

2.1 A eclesialidade das Igrejas

O conceito "Igreja" não é utilizado na doutrina católica para designar indistintamente todas as comunidades dos batizados. O concílio Vaticano II utiliza esse vocábulo para referir-se à tradição católica e ortodoxa, designando as tradições cristãs oriundas das reformas do século XVI e XVIII de "comunidades eclesiais" (UR 13-23), deixando

---

[5] FESQUET, H. *O diário do Concílio*. Publicações Europa-América, 1967, p. 122, v. 1.

aberta a compreensão do caráter eclesial das últimas. Não se trata de negar a eclesialidade destas, o que lhes é garantido pela presença nelas de "elementos eclesiais" (LG 15; UR 3) pelos quais a Igreja de Cristo é vivificada e santificada, bem como das "ações sagradas" que "produzem a vida da graça" e possibilitam a "comunhão da salvação" em Cristo. Contudo, elas não são denominadas, em si mesmas, "Igreja" pelos padres conciliares.

Em outro estudo, apresentamos dois horizontes de compreensão do significado da expressão "elementos de Igreja", buscando compreender o que se entende por "Igreja" e por "comunidade eclesial": institucional/quantitativo e mistérico/qualitativo.[6] A leitura institucional/quantitativa afirma que as "comunidades eclesiais" têm graus de "deficiências" institucionais pelo fato de não possuírem a "plenitude dos meios" de salvação, embora tenham "elementos ou bens" que pertencem à Igreja de Cristo (UR 3; LG 15) e garantem nelas a presença desta Igreja e a ação do Espírito que lhes confere significado salvífico (UR 3). Já a leitura qualitativa não resume o ser da Igreja em sua institucionalidade, pelo que não se deveria concluir que a diferença quantitativa dos elementos institucionais implica ser "menos" ou "mais" Igreja de Cristo, mas expressões em graus diversos desta. Assim, nenhuma instituição eclesial é única

---

[6] WOLFF, Elias. *Caminhos do ecumenismo no Brasil*. São Paulo: Paulus, 2002, p. 236-243; 2018, p. 232-238.

e perfeita expressão da Igreja de Cristo enquanto peregrina neste mundo. E nenhum cristão é plenamente Igreja apenas por estar na instituição. O Vaticano II esclarece que a comunhão requer estar também espiritualmente integrado com a fé, a caridade, a fraterna concórdia (UR 2), sem o que os elementos institucionais não têm efeito para a salvação (LG 14). Dessa forma, reiteramos, não se é mais ou menos Igreja apenas por ter mais ou menos elementos institucionais. Estes devem expressar uma real e profunda comunhão, "de coração" (LG 14), de todos os batizados em Cristo e entre si.

Há quatro importantes alcances ecumênicos desse ensino. Primeiro, é preciso verificar a compreensão acerca da origem da Igreja *em Cristo*, discernindo nela a atuação do Espírito e como ali se realizam os desígnios salvíficos de Deus. Assim, é preciso buscar entender como as várias Igrejas atuais afirmam a coerência entre a consciência eclesial que possuem com a vontade fundacional de Cristo. Segundo, mesmo quando o Vaticano II entende que nas instituições católicas existe a "plenitude" dos meios de salvação, não identifica essas instituições com a Igreja de Cristo, superando as tendências de *Satis cognitum* e *Mortalium animos*, entre outros. Ensina o concílio que a Igreja de Cristo *subsistit in ecclesia catholica*, mas aquela é mais do que esta, não se esgota em suas estruturas visíveis. Ambas coincidem na sua essência, mas não na ordem existencial e histórica. Terceiro, aqui está a possibilidade de existirem outros modos, com diferentes graus de perfeição em relação à tradição católica, de possuir uma participação da Igreja de Cristo. Assim, a Igreja de Cristo "tem uma presença operante" (UUS 11) nas diferentes Igrejas, de modo que "Para além dos limites da comunidade católica não existe o vazio eclesial" (UUS 13). Em quarto lugar, há o reconhecimento de um "caráter eclesial" ou "caráter de Igreja" nas Igrejas da Reforma, com certa analogia com as Igrejas locais, de modo que nelas, "embora imperfeitamente, está presente a única Igreja de Cristo, de uma maneira semelhante ao modo como ela está presente nas Igrejas particulares e por meio dos seus elementos eclesiais a Igreja de Cristo é, de qualquer modo, operante nelas".[7]

É nessa direção que segue o ensino do Papa Francisco, valorizando as realidades eclesiais das tradições cristãs oriundas dos séculos XVI-XVIII, apreciando as suas tradições espirituais, litúrgicas e pastorais, de modo a concluir: "São tantas e tão valiosas as coisas que nos unem!" (EG 246). O Papa Francisco entende que é fundamental reconhecer a verdade dos outros, valorizar aquilo que configura a sua identidade, o seu modo de crer e de expressar a sua fé. E isso como um dom do Espírito Santo. "E, se realmente

---

[7] SULLIVAN, F. A. "Sussiste" la Chiesa di Cristo nella Chiesa Cattolica Romana?. In: LATOURELLE, R. (ed.). *Vaticano II. Bilancio e prospettive, venticinque anni dopo (1962-1987)*. Assisi, 1988, p. 822.

acreditamos na ação livre e generosa do Espírito, quantas coisas podemos aprender uns dos outros!" (EG 246). Na verdade, não basta reconhecer o dom que os outros possuem, é preciso "reconhecer o que o Espírito semeou neles como um dom também para nós" (EG 246). Desenvolve-se, assim, uma eclesiologia relacional construída a partir e no encontro das diferentes formas de ser Igreja de Cristo na história. O ser da Igreja pode melhor se expressar na complementariedade, interação e reconciliação das diferentes Igrejas do que em uma Igreja apenas. Isso é base da cooperação e da comunhão entre os cristãos, como Francisco bem expressou no discurso a uma delegação da Igreja Evangélico-Luterana alemã (18/12/2014): "não obstante as diferenças teológicas que subsistem em várias questões de fé, a colaboração e a convivência fraterna caracterizam a vida das nossas Igrejas e comunidades eclesiais, atualmente comprometidas num comum caminho ecumênico".[8]

2.2 A hierarquia das verdades

Outro elemento de fundamental importância ecumênica na "re-recepção" do Vaticano II é o ensino sobre a hierarquia das verdades, já acenado anteriormente. Ensina o concílio: "Na comparação das doutrinas, lembrem-se de que existe uma ordem ou 'hierarquia' das verdades da doutrina católica, já

---

[8] Disponível em: <http://w2.vatican.va/content/francesco/pt/speeches/2014/december/documents/papa-francesco_20141218_chiesa-evangelica-luterana.html>. Acesso em: 18/06/2018.

que o nexo delas com o fundamento da fé cristã é diferente" (UR 11). O Papa Francisco retoma esse ensino conciliar no número 36 da *Evangelii gaudium*:

> Todas as verdades reveladas procedem da mesma fonte divina e são acreditas com a mesma fé, mas algumas são mais importantes por exprimir mais diretamente o coração do Evangelho. Neste núcleo fundamental, o que sobressai é *a beleza do amor salvífico de Deus manifestado em Jesus Cristo morto e ressuscitado*. Neste sentido, o Concílio Vaticano II afirmou que "existe uma ordem ou 'hierarquia' das verdades da doutrina católica, já que o nexo delas com o fundamento da fé cristã é diferente". Isto é válido tanto para os dogmas da fé como para o conjunto dos ensinamentos da Igreja, incluindo a doutrina moral.

O diálogo entre as Igrejas permite compreender que "cada comunhão cristã estabelece um vínculo mais ou menos imediato entre esta ou aquela verdade e o fundamento".[9] Isso significa, em primeiro lugar, que o diálogo entre as Igrejas deve verificar a fidelidade destas, em sua organização e doutrina, à verdade de Cristo e à sua vontade para a comunidade de seus discípulos. Em segundo lugar, significa que também a eclesiologia é um complexo estruturado de doutrinas, de cujo núcleo do ser eclesial alguns elementos doutrinais estão mais próximos do que outros – porque melhor expressam o "fundamento". Assim, o diálogo en-

---

[9] COMISSÃO CATÓLICA-CONSELHO MUNDIAL DE IGREJAS. *La nozione di "gerarchia delle verità": um'interpretazione ecumênica*. In: *Enchiridion Oecumenicum*. Bologna: EDB, 1995, n. 27, v. 3.

tre as Igrejas procede de um modo ordenado, por etapas, estabelecendo consensos sobre o que as une no "núcleo" ou "fundamento" da fé. E, à medida que isso é fortalecido, elas estarão, então, em condições de tratarem das questões mais divergentes. Desse modo, é possível compreender que há níveis ou graus de comunhão entre as Igrejas, dependendo dos elementos comuns que possam ser verificados em suas doutrinas em relação ao Evangelho.

O número 246 da *Evangelii gaudium* também reafirma o valor ecumênico da "hierarquia das verdades": "Se nos concentrarmos nas convicções que nos unem, e recordarmos o princípio da hierarquia das verdades, poderemos caminhar decididamente para formas comuns de anúncio, de serviço e de testemunho".

Os estudos de Henn sobre "a unidade dos cristãos e a reforma da Igreja" comparam o ensino do Papa Francisco, de que as verdades reveladas "procedem da mesma fonte divina" e "são acreditadas com a mesma fé", com o ensino do Papa Pio XI na encíclica *Mortalium animos*, de que a unidade da fé não se dá por uma lista de artigos, considerando-se alguns fundamentais e outros opcionais ou menos fundamentais. A fé acolhe todas as verdades reveladas com base na autoridade de Deus, de modo que "*Mortalium animos* considera iguais todas as doutrinas baseando-se na sua relação com a autoridade da revelação. Não toma em consideração ... a possibilidade que, lá onde consideradas do ponto de vista do seu conteúdo e não da autoridade... algumas doutrinas sejam mais centrais para o Evangelho do que outras".[10]

Compreender que há uma hierarquia nas verdades de fé não é negar a autoridade divina que as revela, mas justamente a afirmação dessa autoridade que demonstra haver um núcleo central entre as verdades. "É a revelação mesma que demonstra que a verdade revelada possui um centro."[11]

O alcance ecumênico dessa afirmação está no fato de não exigir para a unidade dos cristãos que todos aceitem as mesmas verdades de fé como igualmente importantes. As verdades fundamentais da fé precisam sim ser afirmadas de forma consensual, e elas servem como base fundamental da unidade cristã. Mas outras verdades a elas vinculadas podem possuir um caráter mais ou menos normativo, de acordo com a tradição de cada Igreja, que vê nelas a relação com essa base fundamental. O desafio é as Igrejas estabelecerem juntas quais são as verdades fundamentais da fé cristã. Willian Henn alerta para evitar aqui dois riscos:

1. Querer superar essa dificuldade por uma simples lista de artigos da fé. Isso levaria a vários erros: a) desconsideração do fato de que toda verdade de fé se funda na revelação,

---

[10] HENN, Willian. Scambio di doni: la ricezione dei frutti del dialogo e la reforma dela Chiesa. In: SPADARO, Antonio; GALLI, Carlos Maíra. *La Riforma e le Riforme nella Chiesa*. Brescia: Queriniana, 2016, p. 380.

[11] Ibid., p. 381.

na autoridade divina que as revela com diferentes níveis de importância; b) ou ignorar a unidade orgânica das verdades reveladas, e que as Igrejas podem chegar a compreensões mais profundas, conforme os tempos e os contextos de cada uma; c) compreender que a fé se expressa mais em uma lista de doutrinas do que na comunhão de vida; d) tender a buscar os artigos fundamentais da fé nos quatro primeiros séculos do Cristianismo, não considerando o valor do desenvolvimento posterior da fé sob a guia do Espírito Santo e dos ministros oficiais da Igreja.[12] Para evitar esses riscos, é preciso compreender como as verdades de fé se desenvolvem no tempo, entendendo a evolução do dogma e a hermenêutica que deles se pode fazer.

2. Outro risco a ser evitado é desconsiderar o peso que tem o contexto histórico das definições dogmáticas. Esse contexto mostra que cada definição de fé tem objetivos, motivações, sujeitos e opções bem definidas, de modo que "a fonte objetiva da unidade na fé é a revelação divina; a fonte subjetiva de tal unidade é a aceitação comum desta revelação, graças à inspiração do Espírito".[13] E a revelação é recebida numa fé contextualizada, o que "conduz a um certo grau de pluriformidade na expressão da fé".[14] A diversidade na expressão da fé é diacrônica e sincrônica

---

[12] Ibid., p. 381.
[13] Ibid., p. 383.
[14] Ibid., p. 383.

simultaneamente, em cada Igreja. Mas isso não impossibilita compreender que existe uma organicidade da fé. E "a Igreja na sua totalidade, sob a guia dos seus líderes oficiais, é um sujeito capaz seja para discernir a ordem que existe entre as doutrinas cristãs, seja a relevância daquela ordem para a unidade da Igreja na fé".[15]

Isso deve ser bem considerado no diálogo ecumênico. A unidade cristã sustenta-se em doutrinas que são mais centrais ou menos centrais na fé cristã, porque mais próximas ou mais periféricas em relação ao núcleo da fé: o plano salvífico de Deus revelado em Jesus Cristo. Todas as verdades são vinculantes porque reveladas sob a autoridade divina. Mas a sua importância não depende apenas dessa autoridade, como pretende *Mortalium animos*, e sim do conteúdo da verdade, onde se expressa o real grau de vínculo com o núcleo da fé.

2.3 Intensificando o reconhecimento das outras Igrejas

O que se constata é que a questão da eclesialidade das diferentes tradições cristãs está no centro do debate sobre a unidade e unicidade da Igreja de Cristo. A unidade exige que o possível *status* eclesial, que os acima referidos "sinais", "elementos" ou "bens" possam conferir às Igrejas da Reforma, seja plenamente reconhecido por todos os cristãos, o que ainda não é afirmado por católicos e ortodoxos. Como

---

[15] Ibid., p. 383.

poderia a Igreja do diálogo no pontificado de Francisco contribuir para avançar no reconhecimento de uma plena eclesialidade das Igrejas oriundas do processo da Reforma que se iniciou no século XVI? Apontamos quatro possíveis passos nessa direção.

Em primeiro lugar, é importante estar ciente de que o verdadeiro reconhecimento da eclesialidade das diferentes Igrejas não depende apenas da visão que uma determinada Igreja tenha delas. É preciso valorizar a outra Igreja no modo como ela apresenta a sua consciência eclesial, respeitar essa consciência mesmo se ainda não possa comungar com ela em todas as suas convicções. Não se trata de dizer que são Igrejas "iguais a nós", mas de entender como se afirmam Igrejas por si mesmas, de um jeito próprio. E que as diferenças e especificidades eclesiológicas não diminuem o estatuto teológico da sua consciência eclesial, se consideradas por si mesmas. Trata-se de reconhecer o que o Espírito semeou nos outros "como um dom também para nós" (EG 246). Naturalmente, nós vemos os outros também a partir do que somos. Mas deve-se evitar que essa postura impeça de compreender o outro a partir do que ele é. A chave é buscar nas Escrituras, primeiramente, os elementos que configuram e legitimam uma identidade eclesial. E entender como esses elementos vão se afirmando ao longo da tradição cristã, sobretudo dos primeiros séculos, compreendendo a forma plural de sua realização nas diferentes

Igrejas de então. Em seguida, deve-se verificar como esses elementos podem assumir formas diferenciadas nas várias tradições eclesiais atuais. Então, a eclesialidade das diferentes Igrejas será reconhecida não porque tem todos e os mesmos elementos institucionais que a minha Igreja possui, mas porque possui aqueles elementos essenciais à Igreja de Cristo, sustentados num modo legítimo de compreender as Escrituras ao longo da tradição cristã.

Em segundo lugar, isso implica reconhecer o significado dos séculos de história de muitas dessas Igrejas e compreender o que lhes possibilitou a existência durante todo esse tempo. Digamos que elas já passaram pela provação. E é preciso responder em que medida a história de cada uma mostra fidelidade ao testemunho do Evangelho que lhes dá a maturidade cristã suficiente para serem consideradas Igrejas num sentido teológico pleno. Toda real experiência do Evangelho é eclesial. Estamos aqui indagando sobre a possibilidade de entender a origem dessas Igrejas não em um fato histórico de desavenças, conflitos e divisões, mas no horizonte do Espírito, considerando que tiveram condições de vir à luz em um determinado momento da história. Deus pode ter desejado falar aos cristãos e ao mundo inteiro por formas eclesiais diferentes, a partir de um determinado momento da história. Somente assim compreendemos que as diferentes Igrejas têm condições de expressar de forma verdadeira o Evangelho de Cristo. E isso significa que Cristo mesmo pode usar formas distintas de constituir comunidades de discípulos em sua Igreja. Essas Igrejas estão integradas pelo Espírito Santo na história da salvação (UR 3). Ora, isso é o que realmente legitima a natureza, a identidade e a missão da Igreja. Esse fato está muito acima da posse da totalidade dos elementos institucionais da Igreja. Ali onde acontece a salvação, existe já uma suficiente vivência dos elementos que fazem a Igreja e a visibilizam como lugar da ação da graça salvífica de Deus em Cristo. Bem diziam os padres que *onde está Cristo, aí está a Igreja e toda a graça* (Inácio de Antioquia, 35-110 d.C.).

Terceiro, mesmo sendo o ensino do Vaticano II normativo para a doutrina católica, é preciso compreender que esse concílio não é o ponto de chegada e, portanto, não disse tudo nem sobre a Igreja Católica nem sobre as demais Igrejas. Além disso, o que delas o Vaticano II falou precisa ser contextualizado nas condições históricas e teológicas dos padres conciliares. As discussões conciliares mostram que não era tranquila a expressão "comunidades eclesiais" para designar as Igrejas da Reforma. A Igreja do diálogo pode avançar em relação ao Vaticano II não para negá-lo, mas para ser realista ao situar o ensino do concílio no seu tempo. Não se trata apenas de repetir sempre o que o Vaticano II disse, como se fosse uma verdade definitiva em tudo, sem esperar nenhuma evolução na compreensão das Igrejas evangélicas. Pelo contrário, a partir do ensino do concílio, deve-se avançar na busca daquilo que era o ideal do concílio, a comunhão real e plena entre as Igrejas.

Quarto, isso é possível analisando a realidade eclesial dessas tradições a partir dos resultados do diálogo ecumênico realizado no período pós-conciliar. Esse diálogo concluiu que em sua natureza a Igreja é povo de Deus, corpo de Cristo e templo do Espírito Santo; ela se expressa na *koinonia* que se origina na Santíssima Trindade e se vive na mesma fé, nos mesmos sacramentos e nos mesmos ministérios. Foram superadas as polêmicas eclesiológicas devidas a antigas posições unilaterais: da parte católica se realçava a dimensão visível e institucional da Igreja e, da parte evangélica, a dimensão invisível; ou da parte católica se afirmava a dimensão sacramental e, da parte evangélica, a Igreja como *creatura verbi*. Agora se entende que a dimensão visível e a invisível são constitutivas da natureza eclesial; a Igreja é sacramento do Reino e tem origem nas Escrituras. Naturalmente isso não é tudo para um pleno consenso eclesiológico. Há que se compreender conjuntamente onde está e como pode ser visibilizada concretamente a Igreja de Cristo em sentido pleno. E aqui é preciso relacionar a eclesiologia *sacramental* católica, que entende a Igreja visível em uma estrutura institucional concreta, com a compreensão evangélica da Igreja como *acontecimento*, que existe ali onde as Escrituras são proclamadas e os sacramentos administrados. Como também se faz necessário relacionar a compreensão da Igreja como *communio sanctorum* que se realiza na comunidade de culto local (evangélicos) com a compreensão de Igreja como comunhão de comunidades (católica). Enfim, é preciso um consenso sobre como se estrutura na história a Igreja de Cristo.

Será necessário um novo concílio da parte católica para declarar a legitimidade da eclesiologia das Igrejas da Reforma? Certamente não, pois a legitimidade de uma consciência se afirma por si mesma, e não por sujeitos ou fatores externos a ela. Não compete à Igreja Católica definir o "que" e "quem" é ou não é Igreja. O que ela pode fazer é reconhecer a verdade eclesial dos outros. E esse reconhecimento não deve acontecer exclusivamente a partir do que a tradição católica entende por Igreja. Uma Igreja não pode ser referência única para o ser de outras Igrejas. Uma Igreja "não dá" a eclesialidade à outra Igreja. A afirmação da eclesialidade das diferentes Igrejas acontece na medida em que essas Igrejas conseguem mostrar por suas próprias tradições doutrinais, espirituais, litúrgicas e pastorais que ali existe a integridade da fé, conforme as Escrituras foram interpretadas e vividas na história. O que a Igreja Católica pode fazer é acolher esse testemunho. Não se trata de um reconhecimento universal e uniforme. Ele pode acontecer de um modo gradativo, processual e individualizado, de acordo com os parceiros do diálogo. É de se esperar que o pontificado de Francisco percorra esse caminho na disponibilidade do Espírito, que lhe possibilita o discernimento necessário para reconhecer o modo como Cristo e o seu Evangelho toma forma no ser e no agir das diferentes Igrejas do nosso tempo. Para isso, é preciso que "ponhamos de parte as hesitações que herdamos do passado e abramos o nosso coração à ação do Espírito Santo, o Espírito do Amor (cf. Rm 5,5), para caminharmos, juntos e ágeis, rumo ao dia abençoado da nossa reencontrada plena comunhão".[16]

---

[16] PAPA FRANCISCO. Homilia na celebração ecumênica em Jerusalém (maio/2014). Disponível em: <http://w2.vatican.va/content/francesco/pt/speeches/2014/may/documents/papa-francesco_20140525_terra-santa-celebrazione-ecumenica.html>. Acesso em: 30/11/2016.

5

O DIÁLOGO INTER-RELIGIOSO

1. O pluralismo religioso atual

O panorama e o perfil religioso na atualidade mudam constantemente e é impossível identificar todas as suas características. Ele é formado por expressões religiosas tradicionais, que buscam afirmar o *status quo* sociorreligioso, e por correntes de espiritualidades autônomas e independentes, que abrem fronteiras nas instituições religiosas estabelecidas. Há espiritualidades religiosas e espiritualidades seculares; religiosidades de tom abstrato, para o deleite da subjetividade, e expressões de fé socialmente militantes; cultos de resultados, que orientam a relação com Deus na lógica da troca e da retribuição, e liturgias celebradas na gratuidade de uma fé profunda, livre, confiante; propostas religiosas do conflito, que aguentam e enfrentam as contradições do cotidiano, e as fés irênicas que negam os conflitos do mundo real e afirmam uma paz superficial. Há orientações religiosas que oferecem uma segurança espiritual, afirmando que é preciso triunfar sempre e a qualquer preço; e propostas que ajudam a acolher as situações-limites. Enfim, em nossos tempos há religiões e espiritualidades para todos os gostos, ocupando espaços na literatura, na arte, na ciência, no esporte..., com influência nas diversas dimensões da vida pessoal e coletiva. A vitalidade humana é, em última instância, equivalente à sua religiosidade.

As diversas expressões religiosas mostram que "religião" não é um conceito unívoco. A dificuldade de sua aplicação nos diversos grupos religiosos e correntes espirituais mostra a complexidade dos diversos universos semânticos no qual ele é entendido. Esse conceito extrapola definitivamente uma determinada tradição religiosa, sobretudo a cristã, que por muito tempo pretendia entendê-lo de forma exclusiva por associá-lo à revelação de Deus na tradição judaico-cristã. Assim, só era possível compreender religião nessas perspectivas, fora disso tudo era paganismo. Mas, na atualidade, não se nega que a religião tem diversas expressões como a hindu, a budista, a judaica, a cristã, a cigana, a indígena, a afro... etc. Mais, ganha expressões atualizadas nas diferentes correntes de espiritualidades contemporâneas. A religiosidade é um fato antropológico e, mesmo que algumas pessoas não tenham uma religião, há um elemento de transcendência em suas vidas que toma forma de uma "espiritualidade secular". O conceito "religião" pode parecer aqui excessivamente vago e que tudo abarca e com nada se identifica. Mas tal fluidez é, na verdade, uma das características do pluralismo religioso e espiritual atual. E mesmo sem concordar com todas as expressões religiosas e espirituais hodiernas, é preciso admitir sua influência significativa na vida da maior parte da população mundial, contradizendo as teses do fim da religião no mundo moderno.

É importante observar que a diversidade das experiências religiosas apresenta, por um lado, possibilidades de encontro, enriquecimento e amplitude dos universos de significados da realidade. Por outro lado, mostra também o caráter fragmentário e ambíguo das religiosidades contemporâneas, que oscilam entre os polos da transcendência e da imanência, do humano e do divino, do secular e do religioso. As pessoas são ávidas por vivências espirituais que lhes sejam realmente significativas, capazes de dar sentido às situações nas quais se encontram e um mínimo de integração da realidade fragmentada que lhes ofereça consistência do vivido. E as correntes de espiritualidades modernas parecem melhor satisfazer suas aspirações e necessidades do que as religiões tradicionais. Perante as novas espiritualidades, as religiões antigas manifestam-se perplexas e questionadas em suas referências mais sólidas.

Longe de adotar uma postura de julgamento, não se pode, contudo, deixar de constatar, nesse cenário, dificuldades e limites na natureza da experiência religiosa proposta, na compreensão do objeto último a ser por ela buscado (Deus...?), bem como nos seus meios. Algumas, ao mesmo tempo que expressam a busca de transcendência, na verdade não rompem as estruturas simbólicas imanentes de compreensão material da vida e do seu significado. E em não poucas tradições religiosas e espirituais tais limites criam estruturas (inclusive religiosas) que separam, dividem, geram violência, contradizendo a proposta religiosa e espiritual que propagam. Em oposição à essa tendência, o Papa Francisco afirma:

> Deus, amante da vida, não cessa de amar o homem e, por isso, exorta-o a contrastar o caminho da violência... Para atuar este imperativo, são chamadas em primeiro lugar, sobretudo nos dias de hoje, as religiões, porque, encontrando-nos na necessidade urgente do Absoluto, é imprescindível excluir qualquer absolutização que justifique formas de violência. Com efeito, a violência é a negação de toda a religiosidade autêntica... Devemos denunciar as violações contra a dignidade humana e contra os direitos humanos, trazer à luz do dia as tentativas de justificar toda a forma de ódio em nome da religião e condená-las como falsificação idólatra de Deus.[1]

2. Orientações do Vaticano II

A abertura da Igreja ao diálogo se dá também com relação às diferentes religiões, tendo por base os princípios e critérios conciliares das Declarações *Nostra aetate* e *Dignitatis*

---

[1] PAPA FRANCISCO. Discurso aos participantes na Conferência internacional em prol da paz, Al-Azhar Conference Centre (Cairo, 28/04/ 2017). Disponível em: <http://w2.vatican.va/content/francesco/pt/speeches/2017/april/documents/papa-francesco_20170428_egitto-conferenza-pace.html>. Acesso em: 04/07/2018.

humanae. Três elementos fundamentais são afirmados nesses documentos: o princípio da liberdade religiosa (DH, cap. I); o reconhecimento da positividade das religiões (NA 2); e a convicção do valor do diálogo e da cooperação inter-religiosa (NA 5; DH 15). Esses elementos marcam a definitiva superação do axioma *extra ecclesiam nulla salus*, afirmados em decisões conciliares como em Florença (1439), e reconhecem valores nas religiões que precisam ser respeitados e promovidos (NA 2). Consequentemente, a Igreja conciliar faz-se companheira das diferentes religiões no caminho da busca da verdade; compõe organizações que promovem diálogo e cooperação, e denuncia toda afirmação religiosa que se expresse de forma violenta, preconceituosa e discriminatória. Essa postura ganha força com o Papa Francisco, que orienta a Igreja a "primeirear" nas iniciativas que afirmam não só a fraternidade universal entre todos os membros da família humana, como também a cooperação com processos de justiça e de paz para toda a humanidade, como propôs o concílio (NA 5), dando testemunho convicto do Transcendente que dá significado ao caminhar da história (EG 250; LS 156-162; NA 5).

O esforço de diálogo e cooperação com as religiões fortaleceu uma nova hermenêutica da fé cristã, com a revisão de afirmações teológicas e doutrinais que, não obstante a sua verdade, a forma como se expressam pode dificultar a assimilação do ensino conciliar sobre as diferentes religiões. Categorias teológicas como "revelação", "inspiração", "mediação salvífica", "plenitude da salvação", "Sagradas Escrituras", entre outras, são agora repensadas em seu universo semântico, de modo a superar toda tendência exclusivista até então fortemente presente na estrutura mental em que eram compreendidas. A teologia das religiões, com seus diferentes matizes, possibilita o desenvolvimento de uma postura inclusiva no repensar teológico católico, reconhecendo o valor do pluralismo religioso e assumindo o diálogo com outras fés como paradigma do fazer teologia.

3. O Papa Francisco e o diálogo das religiões

Nos números 250 a 254 da *Evangelii gaudium*, o Papa Francisco apresenta a sua concepção de diálogo inter-religioso. Primeiro, o entende como "uma atitude de abertura na verdade e no amor" (EG 250). O diálogo é, antes de tudo, uma "atitude", ou seja, algo enraizado no modo de ser de cada pessoa, o que envolve opções, valores, sentimentos, condições psicológicas e culturais de cada um. Trata-se de uma atitude "de abertura na verdade e no amor", de modo que a apresentação e defesa da própria verdade não devem contradizer o amor e a caridade em relação aos outros, a forma de ser não se sobrepõe ao que os outros são. Como atitude, o diálogo nasce do interior da pessoa, como uma "'abertura do coração' que é a condição para uma cultura do encontro".[2] O Papa entende a "abertura de coração" como "uma porta" para um "diálogo de vida" real; "uma escada que alcança o Absoluto" e "um caminho, que leva à busca de bondade, justiça e solidariedade".[3] Assim, o diálogo é, antes de tudo, um fato antropológico, condizente com o ser pessoa, que se desenvolve na mesma medida do desenvolvimento da sua capacidade relacional. Não dialogar é contradizer o próprio ser.

Um segundo elemento presente na concepção do diálogo inter-religioso no ensino do Papa Francisco é o seu caráter de mediação. O diálogo entre as fés é constitutivo do ser pessoa e é também um meio ou condição para a relação pacífica entre as pessoas e os povos. O diálogo para o entendimento entre as religiões é "condição necessária para a paz no mundo" (EG 250), afirmação que já se tornou um princípio teológico (Hans Kung). E isso tem implicações para a humanidade inteira. Assim como os desencontros entre as religiões provocam conflitos sociais, o encontro pacífico entre elas contribui para a solução dos conflitos. Por isso, o diálogo torna-se também "um dever" (EG 250) para todos os crentes, os quais precisam promovê-lo a partir de

---

[2] Id. Discurso no encontro inter-religioso e ecumênico em prol da paz em Bangladesh (01/12/2017). Disponível em: <http://w2.vatican.va/content/francesco/pt/speeches/2017/december/documents/papa-francesco_20171201_viaggioapostolico-bangladesh-pace.html>. Acesso em: 05/06/2018.

[3] Ibid.

suas convicções de fé e como testemunho de sua fé. Não dialogar é contradizer a própria fé.

Em terceiro lugar, ao propor o conteúdo do diálogo inter-religioso, o Papa Francisco apresenta a prioridade da vida humana em suas diversas formas e situações (EG 250). Pelo diálogo se acolhe o outro, no espírito da liberdade, para que se expresse tal como é. Outros temas do diálogo visam, em última instância, favorecer a realização humana. A atenção comum ao humano torna-se um método para "assumir juntos o dever de servir a justiça e a paz" como "compromisso ético que cria novas condições sociais" (EG 250) para todos. E a vida humana é compreendida no conjunto da criação, como obra divina, pois "nós e todos os seres do universo, sendo criados pelo mesmo Pai, estamos unidos por laços invisíveis e formamos uma espécie de família universal" (LS 89). Por isso, "somos chamados a 'aceitar o mundo como sacramento de Comunhão ... É nossa humilde convicção que o divino e o humano se encontram no menor detalhe da túnica inconsútil da criação de Deus, mesmo no último grão de poeira do nosso planeta'" (LS 9). Assim, a defesa e a promoção da dignidade de todas as criaturas compõem a finalidade do diálogo das religiões. Tal compromisso é critério para intercâmbios de experiências e valores e para o diálogo sobre temas específicos.

Um quarto elemento é o vínculo entre diálogo e anúncio da própria fé: o diálogo não supõe o abandono das convicções próprias de cada identidade religiosa, ao contrário, é uma possibilidade de afirmar a própria identidade ao mesmo tempo em que se reconhece a identidade do outro (EG 251). Deve-se, porém, evitar todo "sincretismo conciliador" e a mera "abertura diplomática" (EG 251), pois ambos expressam negação tanto da própria identidade e dos próprios valores quanto da identidade e dos valores do outro. Aos crentes envolvidos na busca de solução aos problemas socioambientais, o Papa pede "que sejam coerentes com a própria fé e não a contradigam com as suas ações" (LS 200). A abertura ao diálogo exige convicções profundas, que servem para estimular o encontro com as convicções dos outros, o que possibilita real intercâmbio e enriquecimento mútuo: "é precisamente o regresso às respectivas fontes que permite às religiões responder melhor às necessidades atuais" (LS 200). Dessa forma, "Longe de se contraporem, evangelização e diálogo inter-religioso apoiam-se e alimentam-se reciprocamente" (EG 251). Isso requer uma formação adequada para saber sustentar os próprios valores sem causar obstáculo para reconhecer os valores do outro e, então, explicitar as convicções comuns (EG 253). Afirma-se, desse modo, a liberdade religiosa e evitam-se "odiosas generalizações" na acusação de quem utiliza mal sua religião para promover conflitos.

Um quinto elemento a ser observado é a compreensão que o Papa tem da condição em que se encontram os não cristãos em relação à graça de Deus. Francisco entende que eles podem viver na justiça divina e associados ao mistério pascal pela graça que neles atua (EG 254). Deus age em seu meio, e "tende a produzir sinais, ritos, expressões sagradas" (EG 254) que os envolvem em experiências comunitárias no "caminho para Deus" (EG 254). Tais elementos "podem ser canais que o próprio Espírito suscita" na vida dos não cristãos (EG 254). E se são efeitos da ação do Espírito, qualificam a sua experiência religiosa, libertando do "imanentismo ateu" ou do individualismo religioso e possibilitando "diferentes formas de sabedoria prática" (EG 254) para viver na paz e harmonia cotidianamente.

Assim, Francisco conclama ao encontro, ao diálogo e à cooperação de todos os credos para a paz no mundo e a defesa da criação:

> Constitui um sinal particularmente reconfortante dos nossos tempos o fato de os crentes e pessoas de boa vontade se sentirem cada vez mais chamados a cooperar na formação duma cultura do encontro, diálogo e colaboração ao serviço da família humana. Isto requer mais do que simples tolerância; estimula-nos a estender a mão ao outro numa atitude de mútua confiança e compreensão, para construir uma unidade que considere a diversidade, não como ameaça, mas como potencial fonte de enriquecimento e crescimento. Anima a exercitar-nos na abertura do coração, para ver os outros como um caminho e não como um obstáculo.[4]

---

[4] Ibid.

4. Intercâmbio e enriquecimento mútuo

O diálogo verdadeiro envolve a partilha de vida, sobretudo da motivação mais profunda do viver. Todas as outras formas do diálogo (da vida, de doutrinas e de colaboração na ação social) devem levar seus participantes a expressarem "o que há de mais profundo em sua vida e em seu coração, a saber, sua respectiva fé, que é a fonte de seu vigor e a inspiração que constitui a força motriz a impulsionar e dirigir todas as suas atividades".[5] Diz o Papa Francisco, "Somos diferentes e cada confissão tem as suas riquezas, as suas tradições, as suas riquezas para oferecer, para partilhar. E isso só pode acontecer se vivermos em paz. E a paz constrói-se no coro das diferenças. A unidade realiza-se sempre com as diferenças".[6]

Não haverá diálogo se forem colocados em dúvida os valores religiosos fundamentais do outro. O Papa João Paulo II exortou os cristãos em Ankara "a considerar todos os dias as raízes profundas da fé em Deus no qual também creem vossos concidadãos muçulmanos, deduzir daí o princípio da colaboração com vistas ao progresso humano, à *emulação* no fazer o bem".[7] E o Papa Francisco

---

[5] MICHEL, Tomás. Para uma pedagogia do encontro religioso. *Concilium,* 302, 2003/4, p. 119 (575).

[6] PAPA FRANCISCO. Discurso no encontro com líderes religiosos de Myanmar (28/11/2017). Disponível em: <http://w2.vatican.va/content/francesco/pt/speeches/2017/november/documents/papa-francesco_20171128_viaggioapostolico-myanmar-leaderreligiosi.html>. Acesso em: 28/03/2018.

[7] JOÃO PAULO II, Homilia na missa em Ankara (26/11/1970), apud MICHEL, Tomás, Para uma pedagogia do encontro religioso, 124 (580).

prossegue no mesmo caminho: "Devemos compreender a riqueza das nossas diferenças — étnicas, religiosas, populares — e o diálogo nasce precisamente destas diferenças. E a partir destas diferenças aprendemos do outro, como irmãos".[8] Afinal, "Cada um de nós tem em si uma identidade pessoal, capaz de entrar em diálogo com os outros e com o próprio Deus" (LS 81). E, para afirmar projetos de cooperação por um mundo melhor, "É necessário recorrer também às diversas riquezas culturais dos povos, à arte e à poesia, à vida interior e à espiritualidade ... nenhum ramo das ciências e nenhuma forma de sabedoria pode ser transcurada, nem sequer a sabedoria religiosa com a sua linguagem própria" (LS 63).

Isso é como eco do que foi afirmado pela Conferência dos Bispos Católicos da Índia a respeito da partilha espiritual entre as religiões:

> Uma terceira forma do diálogo alcança os níveis mais profundos da vida religiosa; consiste em partilhar a oração e a contemplação. O escopo de tal oração comum é antes de tudo o culto corporativo do Deus de todos, o qual nos criou para fazer de nós uma grande família. Somos chamados a adorar Deus não apenas individualmente mas também como comunidade. Assim como num sentido real e fundamental somos *um* com

---

[8] PAPA FRANCISCO. Discurso no encontro com líderes religiosos de Myanmar (28/11/2017). Disponível em: <http://w2.vatican.va/content/francesco/pt/speeches/2017/november/documents/papa-francesco_20171128_viaggioapostolico-myanmar-leaderreligiosi.html>. Acesso em: 28/03/2018.

a humanidade inteira, adorar Deus junto com os outros não é apenas para nós um direito, mas um dever" (n. 82).[9]

Entendem os bispos indianos que o nível mais profundo da partilha espiritual "consiste em partilhar a oração e a contemplação". Não se trata, portanto, de uma partilha de elementos superficiais ou formais da experiência religiosa, mas do coração mesmo dessa experiência, do que cada crente vive na profundidade do seu ser quando eleva seu pensamento para Deus e faz a sua prece. A possibilidade dessa partilha está fundamentada na unidade já existente entre todos os seres humanos, pela origem e fim comuns de todos – Deus. De fato, se Deus age na vida de cada pessoa, o faz em todos os momentos da sua existência. Portanto, essa ação acontece também no momento da sua prática religiosa. E para que o diálogo seja, de fato, partilha da vida, não se pode excluir a partilha dessa prática intensamente vivida nas diferentes religiões. Ela deve ser compartilhada visando ao fortalecimento mútuo na caminhada para Deus. Naturalmente, é necessário ter claro os critérios para isso, evitando todo tipo de relativismo e indiferentismo, bem como o sincretismo religioso. Igualmente, é preciso distinguir entre as religiões o que há de fato em comum para que seja possível perceber o nível de partilha espiritual admissível. Destacamos:

---

[9] COMMISSION FOR DIALOGUE AND ECUMENISM. *Guidelines for Interreligious Dialogue*. New Delhi: CBCI Centre, 1989, n. 68.

4.1 O testemunho da própria crença

Durante quase dois mil anos a Igreja desconsiderou o valor das crenças nas religiões. O Concílio Vaticano II (1962-1965) superou essa posição com um olhar positivo para elas, reconhecendo que manifestam "elementos estimáveis, religiosos e humanos" (GS 92), "coisas verdadeiras e boas" (LG 16), "elementos de verdade e de graça" (AG 9), de "verdade" e de "santidade" (NA 2), "tradições contemplativas" (AG 9). Há possibilidade de sintonia desses elementos com a fé cristã, compreendendo-os como *semina verbi* (AG 11, 15), e "um reflexo" da verdade que ilumina toda a humanidade (NA 2). Seu patrimônio espiritual é um convite eficaz ao diálogo (NA 2, 3: AG 11), não apenas sobre os pontos convergentes, mas também sobre os divergentes.

O diálogo inter-religioso verdadeiro se expressa na forma como "cada um dá testemunho ao outro acerca dos valores que encontrou em sua fé, e, através da prática diária da fraternidade, ajuda mútua, abertura de coração e hospitalidade, cada qual se revela um vizinho temente a Deus" (bispos da Ásia). É o que afirmou também o Papa Francisco no encontro inter-religioso na Albânia: "Cada um de nós oferece o testemunho da própria identidade ao outro e dialoga com o outro".[10] O cristão é convidado a assumir essa

---

[10] Disponível em: <http://w2.vatican.va/content/francesco/pt/speeches/2014/september/documents/papa-francesco_20140921_albania-leaders-altre-religioni.html>. Acesso em: 03/04/2018.

dinâmica espiritual do diálogo que envolve as suas convicções mais profundas. Ele dá testemunho de sua vivência religiosa e de sua vida social, tendo a fé em Jesus Cristo como o dom mais precioso para partilhar com os outros. A qualidade do diálogo está intrinsecamente vinculada à qualidade do testemunho da sua crença.

Quando os líderes religiosos se pronunciam publicamente, a uma só voz, contra a violência revestida de religiosidade e procuram substituir a cultura do conflito pela cultura do encontro, inspiram-se nas raízes espirituais mais profundas das respectivas tradições. Prestam também um serviço inestimável ao futuro dos seus países e do nosso mundo, ensinando aos jovens o caminho da justiça: "é preciso acompanhar e fazer amadurecer gerações que, à lógica incendiária do mal, respondam com o crescimento paciente do bem".[11]

Ao mesmo tempo, o cristão está aberto para "julgar com objetividade tudo que tem de verdadeiro, bom e humano, favorecer tudo o que, no mundo de hoje, possa testemunhar o sentido e o culto devido a Deus".[12] Um cristão é chamado a reconhecer e dar graças a Deus por "tudo o

---

[11] PAPA FRANCISCO. Discurso no encontro com os bispos de Bangladesch (01/12/2017). Disponível em: <http://w2.vatican.va/content/francesco/pt/speeches/2017/december/documents/papa-francesco_20171201_viaggioapostolico-bangladesh-vescovi.html>. Acesso em: 05/06/2018.

[12] PAULO VI. Discurso de abertura do segundo período do Concílio Vaticano II (29/09/1963): <http://w2.vatican.va/content/paul-vi/pt/speeches/1963/documents/hf_p-vi_spe_19630929_concilio-vaticano-ii.html>.

que é verdadeiro, tudo o que é honesto, tudo o que é justo, tudo o que é puro, tudo o que é amável, tudo o que é de boa fama e tudo o que é virtuoso e louvável" (Fl 4,8). E isso pode ser encontrado também nos seguidores de outras religiões, se temos "consciência que o espírito de Deus está atuando entre eles e que sua ação vai além das fronteiras da Igreja".[13] As diferentes formas de entenderem e acolherem o projeto de Deus mostra que "há mil maneiras de responder à graça divina".[14]

4.2 Aprender com a religião do outro

Se reconhecidos os valores nas religiões como dons do mesmo Espírito que concede valores e dons à religião cristã, em que medida eles podem servir para o enriquecimento e crescimento espiritual dos cristãos? O Vaticano II fala das "sementes do Verbo" nas culturas e religiões da humanidade (AG 11, 15), em referência ao *Logos* de João 1,9. O concílio entende que as verdades presentes nas doutrinas das outras religiões "não raramente refletem um raio daquela Verdade que ilumina todos os homens" (NA 2). O documento *Diálogo e anúncio* fala de uma "comunicação recíproca" (DA 9) dos bens espirituais das diferentes religiões. A Federação das Conferências Episcopais da Ásia entende que é possível não apenas respeitar a tradição religiosa dos

---

[13] FEDERAÇÃO DAS CONFERÊNCIAS EPISCOPAIS DA ÁSIA. O que o Espírito diz às Igrejas, n. 5. *SEDOC*, v. 33, n. 281, jul.-ago. 2000, p. 38-73.

[14] Ibid., n. 2.

outros, mas "até aprender com eles".[15] Pois "há mil maneiras de responder à graça divina ... Em certo sentido as religiões podem ser consideradas como respostas ao encontro com o mistério de Deus ou a realidade última" (n. 2). O Papa Francisco corrobora tal ensino: "O nosso Pai é Uno, nós somos irmãos. Amemo-nos como irmãos. E se discutirmos entre nós, que seja como irmãos, que se reconciliam imediatamente, que voltam a ser sempre irmãos. Penso que só assim se constrói a paz".[16]

Cada verdade que procede de Deus deve ser reconhecida e venerada como tal, seja qual for a forma e o lugar de sua manifestação. É possível, então, um intercâmbio, uma interação e complementariedade de valores religiosos. A possibilidade da complementariedade inter-religiosa dos dons sustenta-se no fato de que algumas religiões podem expressar determinados aspectos da verdade divina com mais ênfase do que outras. O Islamismo, por exemplo, preocupa-se em evidenciar o sentido de majestade e transcendência divina, da adoração e submissão do ser humano a Deus; o Hinduísmo enfatiza o sentido da presença imanente de Deus no mundo e no coração humano; o Judaísmo enfatiza o caráter da aliança de Deus com a humanidade; o

---

[15] Ibid., n. 4.
[16] PAPA FRANCISCO. Discurso no encontro com líderes religiosos de Myanmar (28/11/2017). Disponível em: <http://w2.vatican.va/content/francesco/pt/speeches/2017/november/documents/papa-francesco_20171128_viaggioapostolico-myanmar-leaderreligiosi.html>. Acesso em: 28/03/2018.

Cristianismo realça a relação interpessoal entre o humano e o divino.

Complementariedade não significa que "falta" na revelação cristã algo que seria suprido por outra religião. O que foi revelado em Cristo é para um cristão o cume, a plenitude e a chave de toda revelação de Deus para a humanidade. Trata-se de uma "complementariedade recíproca e assimétrica".[17] As religiões podem conter "sementes do Verbo", "germes de verdade e graça", que o cristão reconhece em relação ao que acolhe como "plenitude" da manifestação divina em Jesus Cristo.

A ideia de complementariedade entende-se ao perceber uma "conformidade básica"[18] entre as religiões em relação ao plano de Deus para o mundo. Nem todas as religiões dizem a mesma coisa sobre Deus por palavras diferentes. "Não é correto reduzir as diferenças religiosas, tornando-as meros símbolos do mesmo e único Absoluto."[19] Mas, se constatada a "conformidade básica" entre suas falas, pode-se entender a possibilidade de complementariedade, ou uma "unidade de estrutura ou ordem"[20] entre elas. Cada religião busca possibilitar uma experiência de Deus e considera essa

---

[17] DUPUIS, Jacques. *O cristianismo e as religiões: do desencontro ao encontro*. São Paulo: Loyola, 2004, p. 318s.
[18] AMALADOSS, Michael. *Pela estrada da vida: prática do diálogo inter-religioso*. São Paulo: Paulinas, 1996, p. 85.
[19] Ibid., p. 87.
[20] Ibid., p. 85.

experiência adequada. A complementariedade não significa que uma experiência religiosa de Deus pode ser parcial e que deveria receber de outra experiência religiosa elementos que a completem. "As outras religiões não adicionam nada de extra. Elas antes devem aprofundar minha própria experiência... Um relacionamento não pode ser acrescido de nada; só pode ser aprofundado."[21]

Para os cristãos não se trata, portanto, de uma complementariedade ontológica, mas epistemológica, no sentido que se reconhece "a plenitude e inteireza da presença reveladora de Deus em Jesus". O diálogo sincero é uma comunicação recíproca, um dar e receber. Por ele um cristão sente "a esperança e o desejo de compartilhar com os outros a própria alegria de conhecer e seguir Jesus Cristo" (DA 83). Mas também acolhe a esperança e a alegria que o outro sente em sua vivência religiosa. Pelo diálogo, a fé de um cristão "se abrirá a novas dimensões, ao mesmo tempo que descobre a presença operante do mistério de Jesus Cristo para além dos confins visíveis da Igreja e do rebanho cristão" (DA 50).

4.3 Ampliando horizontes da fé

A experiência religiosa é uma experiência de fé no sentido de que o ser humano entende-se em relação de comunhão e de dependência com uma realidade sobre-humana que ele experimenta na sua vivência religiosa. É uma fé que

---

[21] Ibid., p. 86-87.

orienta o seu comportamento e plenifica de sentido a sua existência: "A fé permite-nos interpretar o significado e a beleza misteriosa do que acontece" (LS 79).

As religiões têm diferentes compreensões do que é fé, sua natureza e seu objeto, e as explicitam em doutrinas e ritos que dão identidade a uma comunidade religiosa. Crer não é aceitar uma doutrina, embora implique isso. Crer é acolher em si a realidade maior que a doutrina procura explicitar, embora nunca abarque todo o significado do objeto da fé, nem mesmo do ato de fé vivido pelo crente. Por isso, conta de fato *a experiência* de relação com Deus, isso é o que caracteriza e determina o que é a fé: "Possuir a fé não significa ter em mente os dogmas e os segredos, mas viver na própria singularidade irredutível a relação direta com Deus".[22] E trata-se de uma fé operante: "os cristãos, em particular, advertem que a sua tarefa no seio da criação e os seus deveres em relação à natureza e ao Criador fazem parte da sua fé" (LS 64). E, para agir juntos a partir da própria fé, é preciso desenvolver "a consciência de uma origem comum, de uma recíproca pertença e de um futuro partilhado por todos" (LS 200). Então, pode-se "pensar o todo como aberto à *transcendência* de Deus, dentro da qual se desenvolve. A fé permite-nos interpretar o significado e a beleza misteriosa do que acontece" (LS 79).

---

[22] KIERKEGAARD, Soren. *Timore e Tremore.* Milão: Oscar Mondadori, 1991, p. 199.

Essa experiência original da fé pode ser encontrada em diferentes sistemas religiosos. Místicos de diferentes tradições mergulham decididamente no oceano do Mistério e deixam-se levar confiantes pelas suas ondas. A fé é crer na possibilidade de salvação, em toda e de toda situação, porque existe uma realidade maior e melhor que tudo, Algo ou Alguém como Fim Último a ser buscado. Por isso é importante que os cristãos colaborem para que "a força e a luz da graça recebida se estendam também à relação com as outras criaturas e com o mundo que os rodeia" (LS 221). A partir daí, há uma experiência de além-fronteiras. Mesmo se a vivência religiosa acontece situada às circunstâncias humanas e religiosas específicas de uma tradição, ela é uma constante tensão no sentido de alargar sempre mais os espaços da relação com o Mistério. É um contínuo sair de si para encontrar-se no Deus e um reconhecer o Deus em si mesmo. É uma criativa exploração de formas e meios de manifestações do divino, o que leva muitas vezes a encontrá-lo por caminhos inusitados.

Assim, o diálogo desenvolve a capacidade de encontrar o sentido da realidade também além da própria tradição. Há uma percepção aguda das múltiplas formas da ação do Espírito, que não permite julgar a interioridade moral ou religiosa do outro. E, no Espírito, percebemos o que há de comum:

> É certo que esse diálogo fará ressaltar como são diferentes as nossas crenças, tradições e práticas; mas, se formos honestos ao

apresentar as nossas convicções, seremos capazes de ver mais claramente aquilo que temos em comum e abrir-se-ão novos caminhos para a mútua estima e cooperação e, seguramente, para a amizade.[23]

Há uma espécie de extrapolação de fronteiras para reconhecer o valor da religião do outro, nele encontrar também o meu valor, e então viver a experiência do intercâmbio das experiências de fé, não apenas como comunicação recíproca, mas no sentido de um querer inserir-se no mundo religioso do outro. Isso, porém, sem romper com a própria identidade, sem negar o próprio lugar religioso. É a atitude dos místicos que vivem nas fronteiras, como pessoas liminares. E, muitas vezes, "As entidades liminares não se situam aqui nem lá; estão no meio e entre as posições atribuídas e ordenadas pela lei, pelos costumes, convenções e cerimonial".[24] Elas podem, assim, "sair" do próprio lugar religioso para fazer a experiência do lugar do outro. Quem mergulha no oceano está disposto a nadar em diferentes águas.

Isso pode incomodar, pode ser considerado perigoso, condenado de sincretismo, indiferentismo ou relativismo religioso etc., mas quem dialoga consciente da própria

---

[23] PAPA FRANCISCO. Discurso no encontro inter-religioso e ecumênico no Sri Lanka (13/01/2015). Disponível em: <http://w2.vatican.va/content/francesco/pt/speeches/2015/january/documents/papa-francesco_20150113_srilanka--filippine-incontro-interreligioso.html>. Acesso em: 14/06/2018.

[24] TURNER, V. W. *O processo ritual: estrutura e antiestrutura.* Petrópolis: Vozes, 1974, p. 117. In: TEIXEIRA, Faustino. *Buscadores do diálogo: itinerários inter--religiosos.* São Paulo: Paulinas, 2012, p. 22.

identidade pode experimentar diferentes formas de compreender o Mistério que se manifesta também na identidade do outro:

> (Mas) a "saída" de um mundo e a inserção num outro não significa, necessariamente, o rompimento com a identidade... Na verdade, a mudança de perspectiva pode favorecer uma nova forma de domiciliação no mundo particular. O mesmo "movimento que nos leva para fora do nosso próprio mundo (...) acaba por nos trazer mais para dentro dele" ... o movimento de abertura ao outro acaba favorecendo uma melhor inteligência da própria identidade e o desvelamento de uma verdade ainda mais profunda do que aquela vivenciada anteriormente.[25]

---

[25] TEIXEIRA, Faustino. *Buscadores do diálogo: itinerários inter-religiosos.* São Paulo: Paulinas, 2012, p. 23.

6

POR UMA ECLESIOLOGIA DO DIÁLOGO

Podemos agora apresentar os elementos que articulam o que foi dito até aqui numa eclesiologia do diálogo. Não é nossa pretensão propor uma sistematização definitiva desses elementos, interessa apenas elencar alguns aspectos consequentes do esforço que o Papa Francisco faz para apresentar o diálogo como constitutivo do ser e do agir eclesial.

1. Identidade eclesial em permanente construção

O diálogo possibilita à Igreja uma constante saída de si mesma para ir ao encontro do interlocutor, ouvi-lo, considerar o que ele tem a dizer. E isso provoca um dinamismo de mudança interior como permanente reconfiguração do ser e agir eclesial. Não se trata de mudar a identidade eclesial, mas de redimensioná-la ou reformá-la em um novo contexto relacional em que interagem diferentes sujeitos sociorreligiosos. Esse contexto é marcado por novas interpelações à fé, cujas respostas exigem da Igreja um novo modo de nele se situar.

Não há diálogo sério que não possibilite revisão, questionamentos, mudanças e aprofundamentos da própria identidade. Identidade é uma realidade viva, que tem um processo de construção e um itinerário próprio. Comporta continuidade e mudança. Continuidade como fidelidade às próprias origens, o que caracteriza o ser de um indivíduo ou de uma coletividade. E mudança como abertura a outras identidades, buscando uma realização que só acontecerá no futuro, transformando a identidade original e ao mesmo tempo mantendo-a. Assim é também com a Igreja.

Fala-se muito de crise de identidade social e religiosa. A Igreja sente essa realidade, questionada pelas mudanças socioculturais e religiosas do nosso tempo. Os valores cristãos se diluem num conjunto de crenças e instituições fluidas que não mais garantem a firmeza das convicções de fé. Diante disso, há quem procure defender a identidade por um movimento de retorno aos usos e costumes da tradição passada, como uma restauração nostálgica. O problema da identidade eclesial desemboca, então, nos problemas do confessionalismo, denominacionalismo e institucionalismo, que são uma espécie de perversão da identidade originária. Isso se dá quando ocorre na Igreja uma "disfunção institucional",[1] ou seja, a instituição e/ou confissão de fé que deveriam apontar para além delas mesmas, o Reino, fecham-se

---

[1] DUQUOC, Christian. *Credo la Chiesa. Precarietà istituzionale e Regno di Dio.* Bologna: Queriniana, 2001, p. 22.

em si próprias, como fim último da vida cristã. O meio torna-se meta. Trata-se de uma contradição que trai a verdade de fé e fere a comunhão eclesial fundamentada no Evangelho. Em nome da identidade, constrói-se o integrismo e o fundamentalismo de identidades fechadas no passado, sem distinguir entre o essencial e o acessório. Tudo é absolutizado e sacralizado, mesmo os aspectos mais exteriores e transitórios tornam-se afirmações de uma identidade intransigente e sectária.

Naturalmente, ter uma identidade consistente é fundamental para o diálogo, como expressou o Papa Francisco no encontro ecumênico e inter-religioso na Albânia (21/09/2014): "Sem identidade não pode haver diálogo ... Cada um de nós oferece o testemunho da própria identidade ao outro e dialoga com o outro".[2] Mas não se trata de uma identidade fechada, que obstaculiza a relação. Em sua essência, a Igreja é uma realidade dinâmica, descentrada, exodal e se manifesta numa radical abertura aos outros. Esse movimento eclesial para a relação exige repensar a identidade num contexto dialógico, de abertura às culturas, às diferentes tradições cristãs e ao pluralismo religioso. Isso evita, de um lado, qualquer tipo de relativismo e, de outro lado, os fundamentalismos. A identidade não se constrói de

---

[2] Disponível em: <http://w2.vatican.va/content/francesco/pt/speeches/2014/september/documents/papa-francesco_20140921_albania-leaders-altre-religioni.html>. Acesso em: 15/06/2018.

modo isolado, mas num esforço para "integrar-se num conjunto maior, se pretende ser reconhecido por outros grupos. O recíproco reconhecimento é um elemento necessário na construção de uma identidade".[3] Essa identidade relacional da Igreja se constrói num constante esforço de interação com as diferenças e na busca de convivência, cooperação e comunhão. Retomamos o discurso de Francisco na Albânia (21/09/2014):

> Quem está seguro das próprias convicções não tem necessidade de se impor, de exercer pressões sobre o outro: sabe que a verdade tem a sua própria força de irradiação. No fundo, todos somos peregrinos sobre esta terra e, nesta nossa viagem, enquanto anelamos pela verdade e a eternidade, não vivemos como entidades autônomas e autossuficientes – quer se trate de indivíduos, quer de grupos nacionais, culturais ou religiosos –, mas dependemos uns dos outros, estamos confiados aos cuidados uns dos outros. Cada tradição religiosa deve conseguir, a partir de dentro, dar-se conta da existência do outro.[4]

2. Comunhão plural

Como na Trindade divina, também na Igreja é o Espírito quem une as diferenças, possibilitando compreender como cada uma participa da comunhão na totalidade da

---

[3] GRUPO DE DOMBES. Per la conversione delle chiese. *Enchiridion Oecumenicum.* Bologna: Queriniana, 1999, n. 1019.

[4] Disponível em: <http://w2.vatican.va/content/francesco/pt/speeches/2014/september/documents/papa-francesco_20140921_albania-leaders-altre-religioni.html>. Acesso em: 23/04/2018.

realidade eclesial. Pois "o Espírito Santo embeleza a Igreja, mostrando-lhe novos aspectos da Revelação e presenteando-a com um novo rosto" (EG 116). Isso se realiza concretamente na Igreja local, onde o Espírito atua integrando diferentes carismas, dons e ministérios e fazendo com que cada Igreja local participe da comunhão na totalidade da realidade eclesial. O diálogo ecumênico já concluiu que:

> A única Igreja de Cristo se realiza nas igrejas locais, que participam da diversidade das situações históricas, culturais, étnicas, nas quais vivem as pessoas, onde deve ser anunciado o Evangelho na Palavra e nos sacramentos. A Igreja é, portanto, uma comunhão (*communio*), que consiste numa rede de igrejas locais.[5]

O Papa Francisco conclui que desse modo "a Igreja exprime sua genuína catolicidade e mostra 'a beleza deste rosto pluriforme'" (EG 116).

Assim, a Igreja é uma comunhão plural. E isso não como simples consequência de uma articulação superficial das diferenças existentes em sua organização estrutural, mas como configuração essencial da Igreja. As diferenças no modo de viver a fé no interior da Igreja não impedem a perseverança na fidelidade à sua verdade. Trata-se de diferenças reconciliadas, cancelando todo potencial desintegrador da comunhão. Exemplificando: no âmbito da *teologia*, há diferentes correntes teológicas que convergem para a intelecção

---

[5] COMISSÃO INTERNACIONAL CATÓLICO-LUTERANA. L'unità davanti a noi, n. 5. *Enchiridion Oecumenicum*. Bologna: EDB, 1994, p. 757.

do mistério da fé de um modo amplo e enriquecedor; no âmbito da *missão*, há diferentes carismas, ministérios, serviços, conforme os dons do Espírito, as necessidades da evangelização, as competências de cada membro da Igreja; no âmbito das *instituições e estruturas*, as formas de organização e vivência eclesial variam conforme o tempo e o lugar. Para isso, é preciso compreender que o horizonte da experiência de comunhão é plural, distinguindo entre o objeto da fé da Igreja – Deus, o Evangelho de Jesus Cristo e seu Reino – e a própria Igreja. O conteúdo da fé transcende a Igreja, seu objeto está além dela, é fim. A Igreja aparece como meio, uma via legítima para a experiência do objeto da fé, mas limitada em relação a ele. E, devido a esse limite, existe a possibilidade de uma experiência multiforme do objeto da fé eclesial. Assim, a fé da comunidade concreta está para além da comunidade, mas não para além da Igreja. Isso serve tanto para o interior de uma mesma Igreja quanto para a relação entre elas: a experiência eclesial de Deus é vivida em ambientes e modalidades que se distinguem de uma tradição eclesial (UUS 11, 13). E como "a fé não pode se confinar dentro dos limites de compreensão e expressão de uma cultura" (EG 118), também não é confinada na linguagem doutrinal (sempre também cultural) de um tempo da Igreja.

À medida que se aprofunda essa convicção, as tensões oriundas dos elementos divergentes nas doutrinas e práticas eclesiais são superadas, explorando os elementos convergentes numa eclesiologia dialogal e dialogante em vista da *koinonia*. Para tanto, é importante que os ambientes eclesiais sejam espaços para a construção dessa eclesiologia, onde as diferentes concepções do Evangelho se encontrem com suas peculiaridades, convergências e dissonâncias, na busca de um testemunho comum do que se crê. Na Igreja, diálogo e cooperação, identidade e diversidade se exigem e se completam numa comunhão plural. Nada esgota a riqueza da verdade do Evangelho que se encarna em diferentes contextos e forma "um povo com muitos rostos" (EG 115-118). A certeza de que a Igreja de Cristo será sempre mais do que suas expressões históricas, e que estas devem sinalizar aquela, como sinal-sacramento da comunhão, deve despertar para uma consciência vigilante para explorar, positivamente, as possibilidades de diálogo que abrem caminhos para a integração de todos os cristãos na *koinonia* eclesial. O que pretendemos afirmar aqui é que as características eclesiológicas da Igreja do diálogo apontam para possibilidades diferenciadas na compreensão e vivência do Evangelho quando isso não implica divisão ou contradição no conteúdo da fé.

3. Unidade na diversidade

O que concluímos anteriormente nos remete a um outro elemento fundamental numa eclesiologia dialógica, a compreensão da unidade na diversidade. Essa é a concepção de unidade eclesial nos documentos do Papa Francisco. O Papa chega a essa compreensão da unidade não por um simples reconhecimento e valorização das diferenças existentes na Igreja, mas valorizando as diferenças que se legitimam por uma pneumatologia que compreende ser o Espírito Santo o autor mesmo dessas diferenças. Confirma o Vaticano II: o Espírito "é o princípio da unidade da Igreja. Ele realiza a distribuição das graças e dos ofícios, e enriquece a Igreja de Jesus Cristo com múltiplos dons" (UR 2). O Espírito não propõe as diferenças como elementos de distanciamento entre os cristãos, mas como caminhos para a comunhão eclesial. Trata-se de um caminho a ser percorrido pelo diálogo que visa reconciliar nas diferenças aquilo que pode causar conflito e divergência:

> O Espírito Santo faz a "diversidade" na Igreja... E esta diversidade é deveras tão rica, tão bonita. Mas depois, o mesmo Espírito faz a unidade, e assim a Igreja é una na diversidade. E, usando uma palavra bonita de um evangélico do qual eu gosto muito, uma "diversidade reconciliada" pelo Espírito Santo. Ele faz ambas as coisas: faz a diversidade dos carismas e depois a harmonia dos carismas. Por isso os primeiros teólogos da Igreja, os primeiros pais — falo do século III ou IV —, diziam: "O Espírito Santo, ele é a harmonia", porque faz esta unidade harmoniosa na diversidade.[6]

---

[6] PAPA FRANCISCO. Visita à Igreja Pentecostal da Reconciliação (Caserta, 28/07/2014). Disponível em: <http://w2.vatican.va/content/francesco/pt/speeches/2014/july/documents/papa-francesco_20140728_caserta-pastore-traettino.html>. Acesso em: 18/06/2018.

Essa não é uma ideia nova para o Papa Francisco. Ele a recebe da teologia ecumênica e a alimenta ao longo do seu ministério episcopal. Ainda quando cardeal, em Buenos Aires, Bergoglio manifestou claramente o seu forte apreço à teologia de Oscar Cullman sobre a unidade na diversidade:

> Para Cullman o objetivo não é que todos, desde o início, afirmemos a mesma coisa, mas caminhar juntos numa diferença reconciliada. A solução do conflito religioso entre as múltiplas confissões cristãs está no ato de caminhar juntos, de fazer coisas juntos, de pregar juntos. Pede-nos para não atirarmos pedras, mas continuarmos a caminhar lado a lado. É este o modo justo de proceder na resolução de um conflito, explorando as potencialidades de todos, sem anular as diversas tradições ou cair no sincretismo. Cada um a partir da própria identidade, numa atitude de reconciliação, para buscar a unidade da verdade.[7]

A concepção da "unidade na diversidade" coloca a Igreja num caminho de diálogo profícuo com as propostas atuais de eclesiologia ecumênica que propõem semelhante concepção de unidade. E está dentro da "re-recepção" do ecumenismo orientado pelo Vaticano II, que sugere "a unidade nas coisas necessárias", conservando "a devida liberdade tanto nas várias formas de vida espiritual e de disciplina, como na diversidade de ritos litúrgicos e até mesmo na elaboração teológica da verdade revelada", em tudo conservando a caridade (UR 4). E no encontro com os pentecostais

---

[7] BERGOGLIO, Jorge; SKORKA. *Sobre el Cielo y la Tierra*. Buenos Aires: Sundamerica, 2013, p. 191.

em Caserta, o Papa Francisco enriqueceu essas propostas com uma imagem própria da unidade assim apresentada:

> Nós estamos na época da globalização, e pensamos no que é a globalização e no que seria a unidade na Igreja: talvez uma esfera, na qual todos os pontos são equidistantes do centro, todos iguais? Não! Esta é uniformidade. E o Espírito Santo não faz uniformidade! Que figura podemos encontrar? Pensemos no poliedro: o poliedro é uma unidade, mas com todas as partes diversas; cada uma tem a sua peculiaridade, o seu carisma. Esta é a unidade na diversidade. É neste caminho que nós cristãos fazemos aquilo a que chamamos com o nome teológico ecumenismo: procuremos fazer com que esta diversidade seja mais harmonizada pelo Espírito Santo e se torne unidade; procuremos caminhar na presença de Deus para ser irrepreensíveis; procuremos ir em busca do alimento do qual precisamos para encontrar o irmão. É este o nosso caminho, esta é a nossa beleza cristã![8]

De fato, é o

o poliedro (ou seja, um corpo tridimensional com mais ângulos e mais superfícies) que reflete a confluência de todas as parcialidades que nisso mantém a sua originalidade" e busca "recolher em tal poliedro o melhor de cada um" (EG 236). (Este modelo) torna possível uma unidade que conserva a especificidade própria das diversas igrejas, não escondendo porém a identidade do todo. Essa torna possível um processo ecumênico de apren-

---

[8] PAPA FRANCISCO. Visita à Igreja Pentecostal da Reconciliação (Caserta, 28/07/2014). Disponível em: <http://w2.vatican.va/content/francesco/pt/speeches/2014/july/documents/papa-francesco_20140728_caserta-pastore--traettino.html>. Acesso em: 18/06/2018.

dizado recíproco e uma relação complementar de recíproco enriquecimento (EG 246). Isto significa harmonia, assim como a cria o Espírito de Deus.[9]

Portanto, a Igreja realiza-se na comunhão plural pelo convívio da diversidade de dons, carismas e ministérios suscitados pelo Espírito, superando as tensões que daí podem surgir e as divisões que contradizem a vontade de Cristo, "não sem culpa de pessoas de um ou de outro lado" (UR 3). Isso implica aceitar o risco difícil de viver juntos, assumindo no Espírito de Cristo as contradições do nosso tempo, vivendo o risco de prolongar o diálogo.

O modelo da Igreja como "unidade na diversidade" é o Mistério do Deus Uno e Trino (UR 2), à luz do qual a Igreja assume as características do seu objeto de fé: a comunhão como unidade no amor de pessoas diferentes. Tal é a novidade da comunhão divina comunicada à Igreja e ao mundo. Deus se revela como é em si mesmo, e quem acata a sua revelação é chamado a ser como ele é. Por isso, a Igreja encontra seu modelo, origem e cumprimento no mistério do único Deus em três pessoas. A unidade não anula as diferenças nem as elimina, mas as integra. Isso tem um grande alcance ecumênico, pois "tudo o que a graça do Espírito Santo realiza nos irmãos separados pode também contribuir para a nossa edificação" (UR 4). Trata-se da unidade

---

[9] KASPER, Walter. Papa Francesco. La rivoluzione dela tenerezza e dell'amore apud HENN, Willian, *Scambio di doni*, p. 375.

no Espírito que enriquece a pluralidade, descobrindo o significado profundo da particularidade das diferenças, como enfatiza o Papa Francisco:

> O Espírito Santo faz a diversidade na Igreja... o Espírito Santo não faz uniformidade! ... Esta é a unidade na diversidade. É neste caminho que nós cristãos fazemos aquilo a que chamamos com o nome teológico de ecumenismo: procuremos fazer com que esta diversidade seja mais harmonizada pelo Espírito Santo e se torne unidade.[10]

4. A concretude da Igreja do diálogo

Com a reconfiguração identitária e na perspectiva eclesiológica da comunhão plural que se constrói pela unidade na diversidade, a Igreja do diálogo ganha características que a expressam concretamente, dentre as quais destacamos:

4.1 A Igreja da alegria

A *Evangelii gaudium* fala da "eterna novidade do Evangelho ... frescor original do Evangelho" (EG 11), ressaltando a "absoluta novidade" de Cristo que renova o ser humano (EG 11-13) e todas as coisas (Ap 21,5; 14,6; Hb 13,8). Isso está em sintonia com a proposta de reforma do Vaticano II, tanto para o fiel como conversão quanto para a Igreja inteira (UR 6; EG 26). Esse esforço por reforma não é um

---

[10] PAPA FRANCISCO. Visita à Igreja Pentecostal da Reconciliação (Caserta, 28/07/2014). Disponível em: <http://w2.vatican.va/content/francesco/pt/speeches/2014/july/documents/papa-francesco_20140728_caserta-pastore--traettino.html>. Acesso em: 18/06/2018.

peso, como algo insuportável a ser evitado. Naturalmente, exige sacrifício, luta, ascese. Mas o trabalho por reformas é realizado na alegria da fé e da confiança, com a certeza de que se trata de algo que realiza o fiel e a Igreja inteira. Não é em meio a lamúrias que se enfrentam os desafios do processo por reformas/conversão, mas com a alegria de quem espera confiante uma nova realidade que plenifica de sentido a vida individual e comunitária. A proposta do Evangelho transmite essa confiança na utopia do Reino, onde toda dor e toda frustração se dissipam. O cristão vive no *já* a alegria do Reino que *ainda* não se cumpriu plenamente. Tal é o sustento da sua alegria.

A Igreja da alegria sustenta-se na alegria do Evangelho do Reino. É a alegria de quem recebe e transmite a Boa-nova do Evangelho, Jesus Cristo (Mc 1,1), a raiz de toda a alegria (EG 5;21). A alegria do Evangelho é fonte das reformas que o Papa Francisco quer para a Igreja (EG 1). Assim, a "alegria evangélica e evangelizadora" desse pontificado traz para a atualidade a inspiração de João XXIII em *Gaudet mater ecclesia*, ao falar contra os profetas da desventura no mundo atual; de *Gaudium et spes*, ao mostrar a positividade do mundo secular; de Paulo VI, retomando *Gaudete in Domino* (1975), ao afirmar que a alegria é para todos: "da alegria trazida pelo Senhor ninguém é excluído" (n. 297); e de *Evangelii nuntiandi*, exortando para conservar "a doce e confortante alegria de evangelizar" (EN 80).

Diz o Salmo 133,1: "Hó! Como é belo e agradável ver os irmãos juntos". O encontro, o diálogo e a comunhão entre quem crê em Cristo são motivos de alegria para toda a Igreja e para Deus. O diálogo é um meio imprescindível para fortalecer e manter os discípulos e as discípulas de Jesus na mesma alegria do Evangelho. A felicidade de cada um não pode ser diminuída pelos elementos de tensão, conflito e divisão existentes, seja no interior de uma mesma Igreja, seja entre as diferentes Igrejas. A reconciliação nesses elementos leva a eliminar as atitudes que expressam rancor, revanchismo e isolamento. Que todos possam viver na alegria da mesma fé, da mesma esperança, do mesmo amor, pois são movidos pelo mesmo Espírito que trabalha no ser e no agir de cada um. Fundamental é a disposição de cada Igreja para caminhar na unidade, no exercício do perdão, da paciência, da mansidão e da caridade, que possibilita conservar "a unidade do Espírito no vínculo da paz" (Ef 4,1-3), que fortalece o "testemunho da nossa esperança" (UR 12).

4.2 A Igreja da misericórdia

Para o Papa Francisco, "a misericórdia é a maior de todas as virtudes" (EG 37), e torna-se um princípio hermenêutico pelo qual se compreende a fé cristã e toda a realidade que situa o cristão como discípulo de Cristo. Mostra um modo de ser religioso, deixando claro que "o Cristianismo é a religião da misericórdia".[11] Por isso, a misericórdia é também a chave mestra que sustenta a vida, a missão e a reforma da Igreja. A Igreja usa de misericórdia para com todos, ela não coloca a lei e a disciplina como primeiros critérios para a pertença à comunidade de fé, mas sim o amor e o perdão. Para os tempos atuais, "serve uma Igreja capaz de redescobrir as entranhas maternas da misericórdia".[12]

A misericórdia expressa o jeito materno com o qual a Igreja realiza a sua missão: "a mãe não se conhece por correspondência", toca, abraça, beija, dá carinho, cuida. Por isso, "pastoral" nada mais é que "o exercício da maternidade da Igreja": gera, amamenta, faz crescer, corrige, alimenta, conduz pela mão. O resultado da sua ação pastoral depende da "criatividade do amor", não é "expansão de um aparato governamental ou de uma empresa". É preciso perguntar: "Somos ainda capazes de aquecer o coração?". Pois evangelizar significa testemunhar pessoalmente o amor de Deus, significa superar egoísmos, significa servir, inclinando-se para lavar os pés dos irmãos, tal como fez Jesus. Atenta aos sinais dos tempos, a Igreja se pergunta continuamente, "Para onde Jesus nos manda? Não há fronteiras, não há

---

[11] GALLI, Carlos María. La riforma missionaria dela chiesa secondo Francesco. In: SPADARO, Antonio; GALLI, Carlos María. *La Riforma e le Riforme nella Chiesa.* Brescia: Queriniana, 2016, p. 46.

[12] PAPA FRANCISCO. Textos e homilias da sua viagem apostólica ao Brasil, por ocasião da XXVII Jornada Mundial da Juventude (22 a 28 de julho de 2013): <www.diocesedejales.org.br/home/discursos-e-homilias-do-papa-francisco-na--jmj-rio-2013/>, p. 79. Acesso em: 04/07/2018.

limites", é preciso "levar Cristo para todos os ambientes, até as periferias existenciais, incluindo quem parece mais distante, mais indiferente".[13]

Assim, a reforma eclesial que o Papa propõe se expressa como uma "revolução da misericórdia".[14] Inaugurando o Concílio Vaticano II, João XXIII pediu que a Igreja fosse "uma mãe amorosa de todos, benigna, paciente, cheia de misericórdia e bondade" (*Gaudet mater ecclesia*). Ao concluir o concílio, Paulo VI colocou o tema do bom samaritano como "o paradigma da espiritualidade conciliar". Essa é uma das páginas mais belas da história do Cristianismo, pois está radicada no próprio modo de ser e de agir de Jesus Cristo misericordioso para com todos. Ele deu início à "revolução da ternura" (EG 88). Assim deve ser também a Igreja, terna, samaritana, acolhedora e amorosa, revelando "as vísceras de misericórdia do nosso Deus" (Lc 1,78). Ela deve ser como uma mãe de coração aberto, que expressa o amor de Deus para com todos, como o Papa Francisco ensina na Carta apostólica *Misericordia et misera*, n 1: "Com efeito, a misericórdia não se pode reduzir a um parêntese na vida da Igreja, mas constitui a sua própria existência, que

---

[13] PAPA FRANCISCO. Textos e homilias da sua viagem apostólica ao Brasil, por ocasião da XXVII Jornada Mundial da Juventude (22 a 28 de julho de 2013): <www.diocesedejales.org.br/home/discursos-e-homilias-do-papa-francisco-na--jmj-rio-2013/>, p. 79. Acesso em: 04/07/2018.

[14] SPADARO, Antonio; GALLI, Carlos María. Una reforma "missionaria" dela Chiesa. In: SPADARO, Antonio; GALLI, Carlos María. *La Riforma e le Riforme nella Chiesa,* Brescia: Queriniana, 2016, p. 13.

torna visível e palpável a verdade profunda do Evangelho. Tudo se revela na misericórdia; tudo se compendia no amor misericordioso do Pai".

E isso tem a ver com a postura de diálogo na Igreja, promovendo a reconciliação entre os cristãos, a cooperação entre as religiões e o encontro das culturas. A misericórdia é ecumênica, inter-religiosa e intercultural. A atitude de um cristão para com outro, de uma Igreja para com outra, de um crente para com outro, de um povo para com outro, precisa ser carregada de misericórdia, no sentido de expressar a bondade, a benignidade, a compaixão, a solidariedade e o amor. Isso vale, sobretudo, para os cristãos, os quais, como seguidores de Cristo, são "missionários da misericórdia" (*Misericordia et misera*, n. 9). Uma Igreja é chamada a ser samaritana de outra Igreja, uma religião solidária de outra religião, um povo companheiro de outro povo, curando as feridas que possam ter surgido na relação entre eles ao longo da história. A misericórdia entre Igrejas, religiões e povos acontece quando a afirmação da própria fé, dos valores morais, dos projetos políticos e econômicos não se dá de forma ofensiva ao outro. A misericórdia expressa e fortalece a comunhão plural quando no coração de uma fé e uma cultura há espaço para abrigar, conservar e promover a outra forma de crer, de ser e de viver. Então, uma Igreja zela pela outra Igreja, uma religião e uma cultura promovem outra religião e outra cultura e as defendem quando injustamente atacadas. Desenvolve-se, assim, a "cultura da misericórdia" (*Misericórdia et misera*, n. 20). A reconciliação dos povos é manifestação disso quando um compreende as fragilidades do outro e todos se ajudam na superação das próprias carências. Isso ganha expressão peculiar na vida cristã. Tal foi o que o Papa Francisco disse aos participantes da peregrinação dos luteranos provenientes da região alemã da Saxônia-Anhalt (13/10/2016):

> O testemunho que o mundo espera de nós é, sobretudo, o de tornar visível a misericórdia que Deus tem para conosco através do serviço aos mais pobres, aos doentes, a quem abandonou a própria terra para procurar um futuro melhor para si e para os seus queridos. Ao pormo-nos ao serviço dos mais necessitados experimentamos que já estamos unidos: é a misericórdia de Deus que nos une.[15]

4.3 A Igreja missionária

A missão da Igreja é recuperar e fortalecer o sentido da vida das pessoas orientando-as na perspectiva do Evangelho do Reino. É encorajar as pessoas para que "não deixem que lhes roubem a esperança" da realização da "vida em abundância" (Jo 10,10) como Cristo quer, com abertura às surpresas de Deus e vivendo na alegria. Para fazer isso, a Igreja precisa sair para fora de si mesma, descentrar-se e superar toda tentação de "autorreferencialidade". Então,

---

[15] Disponível em: <http://w2.vatican.va/content/francesco/pt/speeches/2016/october/documents/papa-francesco_20161013_pellegrinaggio-luterani.html>. Acesso em: 25/03/2018.

ela melhor testemunha o Evangelho no mundo, superando toda "pastoral da conservação" por um processo de "conversão pastoral". Urge uma opção pastoral que seja *programática* (atos de índole missionária) e *paradigmática* (colocar em chave missionária as atividades habituais das Igrejas particulares), uma opção decididamente missionária.

Para bem organizar a sua missão, a Igreja do diálogo abre-se em dois âmbitos: no âmbito interno, para a ministerialidade de todos os batizados, sobretudo o ministério laical "sem manipulação ou indevida submissão", servindo-se dos conselhos diocesanos e paroquiais de pastoral e de assuntos econômicos para consulta, organização e planejamento pastoral. É contra a concentração clerical da pastoral. Suspeita o Papa Francisco: "Acho que estamos muito atrasados nisso". E aqui tem um valor especial o ministério das mulheres, que constituem uma força cotidiana que faz evoluir a sociedade e a Igreja: "Não reduzamos o empenho das mulheres na Igreja; antes, pelo contrário, promovamos o seu papel ativo na comunidade eclesial. Se a Igreja perde as mulheres, na sua dimensão global e real, ela corre o risco da esterilidade... Tende isso em séria consideração!".[16]

---

[16] PAPA FRANCISCO. Textos e homilias da sua viagem apostólica ao Brasil, por ocasião da XXVII Jornada Mundial da Juventude (22 a 28 de julho de 2013): <www.diocesedejales.org.br/home/discursos-e-homilias-do-papa-francisco-na--jmj-rio-2013/>, p. 79. Acesso em: 04/07/2018.

O segundo âmbito é o externo. A missão se dá em positiva relação com diferentes formas de crer em Deus e de viver na sociedade. O testemunho e a missão são vividos como serviço que se fundamenta na gratuidade da proposta do Evangelho que é pregado. A credibilidade do Evangelho é comprometida quando se pratica a missão em conflito ou em oposição aos outros. A missão não é "ganhar", "conquistar", "concentrar". Evangelizar é uma partilha autêntica da graça de Deus, da vida em abundância oferecida em Cristo por meio do Espírito, e que não pode destruir a comunidade nem aumentar o ódio. A credibilidade da Igreja está profundamente vinculada à capacidade de *dar-se* ao outro para enriquecê-lo com o que tem de melhor em si: a graça de Cristo. A proposta do Evangelho é inclusiva, é para todos, e não apenas para alguns. Não é apenas para aqueles que parecem mais próximos da Igreja, mais abertos, mais acolhedores. É para todas as pessoas. Para isso, a missão precisa articular uma pauta de conduta e de ações práticas condizentes com a proposta evangélica. O cenário plural da sociedade hodierna tem o potencial de constituir-se em um laboratório de articulação dialogal em prol de princípios teológicos e pastorais relevantes para o ser e a missão da Igreja do nosso tempo.

4.4 A Igreja dos pobres

A Igreja do diálogo que Papa Francisco propõe tem especial sensibilidade para com os pobres. Dialogar com os pobres é permitir que falem de suas dores e aflições e fortalecer a sua fala, falar com eles e, se preciso for, também por eles; é ouvir os seus clamores a exemplo de Javé em relação ao povo escravo no Egito (Ex 3); é assumir como próprio o lugar social, cultural e espiritual do pobre; é ser pobre para conviver com os pobres, partilhando o tempo, o espaço e as condições de sobrevivência que aí se manifestam. Dessa forma, o diálogo não é meio de evangelização dos pobres, é o conteúdo da evangelização, por ele se expressa o amor de Deus entre nós que resgata a dignidade de todo ser humano e fortalece seu viver na esperança da realização plena no horizonte do Reino. Assim, a Igreja anuncia a Boa-Nova aos pobres, seguindo os passos de Francisco de Assis (1182-1226), Catarina de Sena (1347-1380), Teresa D'Ávila (1515-1582), Teresa de Calcutá (1910-1997), entre outros, que propunham reformas/conversão na Igreja que a ajudasse a identificar-se com os excluídos e marginalizados, os "mais pequeninos" que Jesus atendia (Mt 25,40).

Essa proposta está no Vaticano II e no magistério posterior: a Igreja se reforma para se tornar Igreja pobre para os pobres. João XXIII afirmou em sua rádio (11/11/1962): "Diante dos países pobres, a Igreja se apresenta como é e quer ser: Igreja de todos, mas sobretudo Igreja dos pobres". João Paulo II afirmou a opção da Igreja pelos pobres (CA 57), bem como o Papa Bento XVI ensinou que "nos mais pequeninos encontramos Jesus mesmo e em Jesus encontramos Deus" (DCE 15). O ser humano empobrecido é associado à *kênosis* de Cristo, que "se fez pobre para enriquecer-nos com a sua pobreza" (2Cor 8,9). Assim, no rosto do empobrecido, contempla-se o mistério de Deus em Cristo, e, por ele e nele, a Igreja interpreta o projeto de Deus para a humanidade. A recepção do Vaticano II na América Latina levou a sério essa proposta do concílio, de modo que nesse continente o pobre torna-se lugar teológico por excelência, como mostra a "opção preferencial pelos pobres" nas assembleias do episcopado latino-americano em Medellín (1968) e Puebla (1979), posteriormente confirmada por Santo Domingo (1992) e Aparecida (2007). O Papa Francisco, com raízes na teologia latino-americana, vai nessa direção: "para a Igreja, a opção pelos pobres é uma categoria teológica antes de ser cultural, sociológica, política ou filosófica" (EG 198). Essa opção não é apenas pelo ser humano pobre, é uma opção por um modelo eclesial – a Igreja mesma deve ser pobre para ser fiel a Cristo. "Desejo uma Igreja pobre para os pobres" (EG 198). E isso é mais que um critério epistemológico, é uma opção prática na organização da Igreja e da sua missão, uma orientação vital e um programa de ação permanente.

Essa opção tem significado cristológico. Crer em Cristo é fazer a opção que ele fez pelos explorados, excluídos, marginalizados, de forma que a opção pelos pobres está estreitamente relacionada com a fé em Cristo: "A opção preferencial pelos pobres é implícita na fé cristológica naquele Deus que se fez pobre por nós, para enriquecer-nos com a sua pobreza (cf. 2Cor 8,9) (DAp 392. Também: EG 198). João Paulo II interpretou o texto de Mt 25,35 como "uma página de cristologia, que ilumina o mistério de Cristo", o que é também um critério para a fidelidade da Igreja a Cristo (MI 49). E o Papa Francisco continua o esforço de promover a inclusão social dos pobres, entendendo que "Deriva da nossa fé em Cristo, que se fez pobre e sempre se aproximou dos pobres e marginalizados, a preocupação pelo desenvolvimento integral dos mais abandonados da sociedade" (EG 186). Todos, e sobretudo cada cristão e a Igreja, precisam ser "instrumentos de Deus a serviço da libertação e promoção dos pobres" (EG 187).

Concretamente, essa opção se realiza por um modo de ser cristão e ser Igreja na sociedade, assumindo posturas proféticas que denunciam as injustiças causadas ao ser humano e à criação inteira.

Por essa razão, a Igreja entra em diálogo e cooperação com todas as instituições religiosas e sociais que promovem o resgate da pessoa, sobretudo dos pobres. Ao primaz da Comunhão Anglicana, o Papa Francisco afirma: "Entre as nossas tarefas, como testemunhas do amor de Cristo, conta-se a de fazer ouvir o brado dos pobres, para que não sejam abandonados às leis de uma economia que por vezes parece considerar o homem só como consumidor".[17]

4.5 A promoção e defesa da vida no planeta

E pobre é também o meio ambiente: "entre os pobres mais abandonados e maltratados, conta-se a nossa terra oprimida e devastada, que 'geme e sofre as dores do parto' (Rm 8,22)" (LS 2), de modo que há uma "relação íntima entre os pobres e a fragilidade do planeta" (LS 16).

A concepção da Igreja e da sua missão no Papa Francisco propõe a integração e convivência harmônica de toda a criação. A Igreja tem consciência que a *oikoumene*, "casa comum" de todos, está sendo ameaçada por fatores, de causa humana ou não, que provocam um profundo desequilíbrio nas forças mantenedoras da vida. A poluição do ar, dos rios e dos oceanos, as mudanças climáticas, a escassez da água potável, o desequilíbrio dos ecossistemas, o desaparecimento da biodiversidade, implicam o esgotamento de considerável parte das forças naturais fundamentais para a subsistência da realidade vital em diferentes regiões da terra. Trata-se de uma profunda e grave "crise ecológica", que é também crise ética, política, antropológica e espiritual das

---

[17] PAPA FRANCISCO. Discurso à sua graça Justin Welby, arcebispo de Cantuária e primaz da Comunhão Anglicana (14/06/2013). Disponível em: <http://w2.vatican.va/content/francesco/pt/speeches/2013/june/documents/papa-francesco_20130614_welby-canterbury.html>. Acesso em: 05/07/2018.

sociedades atuais. É uma crise de todo o sistema da vida humana e dos seus valores.

Nesse contexto, urge rever o lugar e o papel do ser humano no conjunto da criação. Ao mesmo tempo, o ser humano precisa ver-se integrado numa relação de fraternidade criatural, pois "tudo está interligado" (LS 91), "nós mesmos somos terra (Gn 2,7). O nosso corpo é constituído pelos elementos do planeta; o seu ar permite-nos respirar, e a sua água vivifica-nos e restaura-nos" (LS 2). Por isso, é importante promover uma "ecologia integral", que é também humana, social e espiritual. A prática da justiça socioambiental expressa a justiça para com Deus Criador, reconhecendo e afirmando o seu plano de amor em cada elemento da criação: "O amor de Deus é a razão fundamental de toda a criação", (LS 77); "Todo o universo material é uma linguagem do amor de Deus, do seu carinho sem medida por nós" (LS 84).

Esse compromisso é social, ecumênico e inter-religioso, de modo que todos são convocados a cooperarem na defesa da integridade da criação. Tal é o que propõe a declaração conjunta do Papa Francisco e o patriarca Bartolomeu I:

> É nossa profunda convicção que o futuro da família humana depende também do modo como protegermos – de forma simultaneamente prudente e compassiva, com justiça e equidade – o dom da criação que o nosso Criador nos confiou. Por isso, arrependidos, reconhecemos os injustos maus-tratos ao nosso

planeta, o que aos olhos de Deus equivale a um pecado. Reafirmamos a nossa responsabilidade e obrigação de fomentar um sentimento de humildade e moderação, para que todos possam sentir a necessidade de respeitar a criação e protegê-la cuidadosamente. Juntos, prometemos empenhar-nos na sensibilização sobre a salvaguarda da criação; apelamos a todas as pessoas de boa vontade para tomarem em consideração formas de viver menos dispendiosas e mais frugais, manifestando menos ganância e mais generosidade na proteção do mundo de Deus e para benefício do seu povo.[18]

Em outro estudo, apresentamos cinco atitudes ecológicas fundamentais: contemplação, pertença, relação, cuidado e uso responsáveis.[19] Essas atitudes não são exigidas apenas de alguns, mas de todo ser humano. E, para quem tem fé, elas são realizadas a partir do seu próprio credo, como compromisso religioso: "É bom, para a humanidade e para o mundo, que nós, crentes, conheçamos melhor os compromissos ecológicos que brotam das nossas convicções" (LS 64). Aqui temos a dimensão ecumênica e inter-religiosa do compromisso ecológico, vinculando todos os credos no cuidado da criação. A Igreja pode fazer seu também o processo conciliar que o Conselho Mundial das Igrejas viveu na década de 1990, *Justiça, paz e integridade da criação*, bem

---

[18] Disponível em: <http://w2.vatican.va/content/francesco/pt/speeches/2014/may/documents/papa-francesco_20140525_terra-santa-dichiarazione-congiunta.html>. Acesso em: 05/05/2018.

[19] WOLFF, Elias. *Espiritualidade do diálogo inter-religioso: contribuições na perspectiva cristã*. São Paulo: Paulinas, 2016, p. 86-87.

como o atual projeto do mesmo conselho, "A peregrinação da justiça e da paz", cooperando com outras Igrejas do conselho na reflexão e nas ações práticas em defesa da criação. O Papa Francisco expressa comunhão com a forma como o patriarca ecumênico Bartolomeu apresenta as "raízes éticas e espirituais dos problemas ambientais" e o compromisso ecológico de todos os cristãos (LS 8-9). E também está em sintonia com as iniciativas que as religiões propõem para a defesa e a promoção da criação, reconhecendo "a riqueza que as religiões possam oferecer para uma ecologia integral e o pleno desenvolvimento do gênero humano" (LS 62). Por isso, convoca a todos para um compromisso comum:

> Lanço um convite urgente a renovar o diálogo sobre a maneira como estamos a construir o futuro do planeta. Precisamos de um debate que nos una a todos, porque o desafio ambiental, que vivemos, e as suas raízes humanas dizem respeito e têm impacto sobre todos nós (LS 14).

CONCLUINDO

O mundo tem para o homem dois vultos, segundo o seu duplo comportamento. O comportamento do homem é duplo por causa da duplicidade das palavras fundamentais que ele diz ... Uma dessas palavras fundamentais é a dupla eu-tu. A outra palavra fundamental é a dupla eu-isso ... As palavras fundamentais são ditas juntas ao ser. Quando se diz tu, se diz junto o eu da dupla eu-tu. Quando se diz isso, se diz junto o eu da dupla eu-isso. A palavra fundamental eu-tu pode ser dita apenas com a totalidade do ser. A palavra fundamental eu-isso nunca pode ser dita com a totalidade do ser... Torno-me eu no tu; torno-me eu, digo tu. Cada vida real é encontro ... O encontro acontece apenas onde caem todos os meios. Diante da imediatez da relação, tudo aquilo que é mediado torna-se irrelevante ... o presente real e completo se dá apenas à medida que se dá presencialidade, encontro, relação. Somente através do fazer-se presente do tu, o presente nasce ... Enquanto o homem se satisfaz com as coisas que experimenta e usa, vive no passado, e seu instante é sem Presença ... O que é essencial é vivido no presente ... a relação imediata comporta uma ação sobre aquilo que nos está à frente: a ação essencial da arte determina o processo no interior do qual a forma se torna obra. O que está frente ao eu se realiza através do encontro ... Relação é reciprocidade. O meu tu age sobre mim, como eu atuo sobre ele ... No início está a relação ... sou o que provém de processos de relação ... É no encontro que a criação revela o seu ser ... No início está a relação: categoria do ser, disponibilidade que compreende, modelo da alma; no início está a prioridade da relação, o tu inato. As relações da experiência vivida realizam o tu inato no tu que encontram ... O tu inato produz muito cedo os seus efeitos no instinto do contato ... de modo que sempre mais claramente vem a significar a reciprocidade, a "ternura".[20]

---

[20] BUBER, Martin. *Il Principio Dialogico e altri saggi.* Torino: San Paolo, 1993, p. 59-79.